LA FILLE SANS SOUCI.

TOME II.

LA
FILLE SANS SOUCI.

Par M. de FAVEROLLES.

TOME SECOND.

A PARIS,

Chez LEROUGE, Libraire, Cour du Commerce, quartier Saint-André-des-Arts.

1818.

LA FILLE SANS SOUCI.

CHAPITRE XX.

JE n'avais jamais été dans une voiture publique, et j'avoue que je ne fus pas enchantée d'y voyager, et Julie encore moins, suivant la louable coutume de ses compagnes, qui sont mille fois plus difficiles que leurs maîtresses ; elle se trouvait *affreusement* mal placée, parce qu'elle était à la portière, ainsi que moi (il n'y avait plus de places de fond quand on était venu retenir les nôtres) ; elle avait froid quand la glace était baissée, étouffait quand elle était fermée, se frappait la tête, parce qu'elle ne se prêtait pas au mouvement de la voiture; le soleil, la pluie, le vent, la poussière, tout l'incommodait. Elle ne s'en prenait pas ouvertement à moi; mais il était aisé de voir qu'elle m'en voulait de lui causer un si triste et si pénible voyage : quand elle suspendait ses lamentations, elle reprenait ses observations malignes sur l'amour que Monsieur avait pour moi, sur la jalousie de Madame, qui avait saisi le premier prétexte pour que je partisse dès que son mari était arrivé, comme elle en avait imaginé un pour me faire quitter Paris quand Monsieur y restait ; elle avait commencé ses récits dans la route de Chemilly à Dijon, et m'avait raconté tout ce qui s'était passé entre mon tuteur et sa femme, à mon sujet. Ses plaintes m'ennuyaient ; ses médisances contre ses maîtres me donnaient mauvaise opinion d'elle, mais enfin elle me rendait service; je la laissai donc gémir et bavarder tout à son aise, car je commençais à sentir qu'il était nécessaire, dans bien des circonstances, d'avoir une femme avec soi; et la position où je me trouvais n'était pas une de celles où j'avais le moins besoin d'être accompagnée d'une personne de mon sexe.

Cette diligence offrait une réunion assez mal composée. C'étaient deux marchands de vin, à moitié ivres; deux sergens de la Garde; un paysan, qui ramenait à Paris un petit garçon de cinq à six ans, que son père avait laissé aux soins de ce rustre, pour faire de son fils un Émile qui ne craindrait ni le froid, ni le chaud; qui, ayant appris à connaître les droits de propriété, serait prêt à les défendre à coups de poing; du reste, ignorant, grossier, et bruyant à l'excès. A côté de lui était un séminariste, qui baissait les yeux toutes les fois que, par hasard, les miens rencontraient les siens. Mais rien d'aussi détestable qu'une femme de trente-six à trente-sept ans, avec un petit chapeau de velours noir râpé, surmonté de trois plumes, dont deux cassées, toute défrisée, mais ayant un pied de rouge, et vêtue d'une robe décolletée, qui, toutes les fois que son fichu s'ouvrait, laissait apercevoir une peau rouge et tannée, et des formes si peu heureuses, que le soin de les laisser voir annonçait de sa part une œuvre d'humilité chrétienne! Joignez à ces agrémens une agacerie continuelle, qui provoquait le gros rire des marchands, en me faisant rougir de honte, sans que je susse pourquoi. Le petit abbé prenait son bréviaire. Le paysan dormait ou faisait semblant de dormir. Le petit garçon le pinçait, recevait de gros coups de poing, et le marmot de braire pendant une heure. Les sergens se mêlaient de la conversation, et adressaient quelques mots à Julie, qui n'était ni jeune, ni vieille, ni belle, ni laide ; sa mine était à peindre, et ses dédains fort comiques. Nous nous arrêtâmes pour dîner. Quel repas ! disait Julie, tout est détestable, à en juger par la seule vue; elle s'assit de côté, et parut décidée à ne rien prendre. Je m'étais placée entre elle et le vieux paysan, qui, après tout, me paraissait un honnête homme. La vieille rentière de qualité, ou qui voulait se faire croire telle, fidèle au négoce dont je la soupçonnais de tirer son origine, mit les marchands à ses deux côtés. D'abord ils s'en occupèrent fort peu, ils mangeaient; mais enfin, ils revinrent à leur belle, et lui dirent, en termes fort peu délicats, que son mari devait être le plus complaisant des hommes.— Qu'entendez-vous par-là? dit-elle, mon mari n'a aucun motif d'user de complaisance; on rit, on badine, mais on se respecte, et on ne fait pas rougir un galant homme dont on a l'honneur de porter le nom. Si vous avez pris de moi cette opinion, vous avez bien tort; et il faut que je sois bien malheureuse pour avoir perdu votre estime pour quelques plaisanteries innocentes. Elle se mit alors à sangloter. Les marchands se mocquèrent d'elle, les sergens lui dirent de se taire; elle obéit, et de toute la route ne prononça plus un seul mot, à ma grande satisfaction. A la couchée, elle demanda à Julie la permission de faire faire son lit dans ma chambre, où il y en avait trois : je ne m'en souciais guère ; cependant, comme je croyais et crois encore qu'au fond c'était une honnête femme, qui n'avait contre elle que le plus mauvais ton, j'y consentis. La journée du lendemain se passa fort tranquillement.

J'avais un ouvrage anglais qui m'amusait beaucoup, et le paysan ayant jeté les yeux dessus, me dit : *Dame, mamzelle,* vous êtes bien savante de lire le latin tout courant ; notre curé ne dit pas si vite son bréviaire. Je lui répondis que c'était un livre anglais. Oh! que ça doit être beau, à en juger par les jardins! notre maître, à qui appartient ce petit gars, en a un superbe. Je demandai le nom de cet original de père. — C'est M. Saldone, qui est ce que vous appelez un philosophe; il s'est marié pour avoir st'enfant, et

dès qu'il a été né, a signifié le divorce à la mère, qui était une belle femme de not' village; il lui a donné douze cents francs de pension, et l'a envoyée à cent lieues d'ici, avec défense d'en revenir, sous peine de perdre sa pension. — Le bon mari !
— Il dit que ce n'est pas une femme qu'il a prise, mais un enfant qu'il voulait avoir pour l'élever à sa fantaisie. Il me l'a laissé jusqu'à sept ans, parce que c'est ma femme qui l'a nourri, et nous avons aussi douze cents francs de pension. Ainsi, ce bambin lui coûte cent louis par an, sans compter ce qu'il faudra pour le nourrir, le vêtir et l'*éduquer* ; mais aussi, M. son père dit que ce sera un prodige. Comme je m'amusais de tout ce que me comptait ce bonhomme, je sentis une forte secousse, et voilà notre char arrêté. Ce c'était rien que

l'essieu qui cassait. L'obscurité de la nuit était augmentée par le mauvais temps; il pleuvait à verse. Figurez-vous Julie; elle fit des cris lamentables, auquel répondit le petit Saldone; les sergens juraient, le seminariste invoquait les saints, les marchands ronflaient, et ne furent point réveillés par la secousse. Madame Sillo disait que c'était une punition du Ciel, parce que nous avions mangé gras le vendredi, à l'exception d'elle et du petit abbé. Il fallait nous sortir de là, ou attendre le jour; je fus pour le dernier parti, et c'était sûrement le plus raisonnable; mais il fallait qu'il fût adopté à la pluralité des voix. On les recueillit; mon vote allait passer, quand les marchands se réveillèrent; ayant su ce dont il était question, il s'écrièrent dans le même moment : Arrêter sur la route, quand c'est demain jour d'échéance ! restez si vous voulez, restez, vous en êtes les maîtres ; pour nous, nous partons ; et se tirant du fond de la voiture où ils étaient ensevelis, ils se mirent à nous froisser par leur énorme poids, aux dépens de nos côtes, de nos bras, de nos jambes ; ayant gagné la portière, ils exigèrent du conducteur qu'ils vînt leur ouvrir, parce qu'ils voulaient aller à la première poste, où ils prendraient un cabriolet. Le sieur Jean, qui ne se souciait pas de quitter le sien pendant que la pluie tombait par torrens, ne se pressait pas. Les marchands l'appelaient à tue-tête, et nous nous joignîmes à eux, car ils nous tenaient dans une position si fatigante que nous avions un grand empressement qu'il nous quittassent. Enfin, Jean descend, cherche à tâtons la serrure qui ferme la portière, l'ouvre au moment où l'on s'y attend le moins, et voilà Julie qui, déjà poussée violemment par les impatiens marchands, tombe la tête la première dans la boue la plus liquide qu'on puisse imaginer ; ce qui est bien pis encore, le premier négociant, qui s'appuyait sur ses épaules, ne sentant plus de résistance, s'élance hors de la voiture. L'ami de celui-ci, qui a vu tomber Julie, et qui craint que son camarade ne l'écrase, cherche à le retenir et est entraîné avec lui. Pour un rien, je ferais ainsi descendre l'un après l'autre tous les individus que la diligence contenait ; mais je me borne à trois, parce qu'il ne suffit pas d'être vrai, il faut être vraisemblable.

Figurez-vous encore la bégueule Julie, tombée tout à plat dans la boue, et au moment où elle veut se relever, se sentant replongée dans le bourbier, sous l'énorme masse des deux marchands tombés en même temps qu'elle ; mais admirez l'influence du calcul ! ceux-ci, tout occupés du jour de l'échéance, et n'étant pas même émus par les cris aigus de leur malheureuse victime, se relèvent, non sans lui froisser pieds et mains qu'ils foulent sans y prendre seulement garde; enfin, se trouvant debout, ils se prennent par le bras, et se mettent, malgré leur chute, à gagner les bords du chemin, qu'ils suivent jusqu'à la première poste.

Cependant le conducteur cherche la pauvre Julie, qui s'écriait : Je suis morte ! je suis morte ! Ces mots me rassuraient, car il n'est pas à présumer que les morts aient l'usage de la parole. Je m'avançai du côté d'où venait la voix, et à travers les ombres de la nuit, j'aperçus le conducteur soutenant la nymphe du bocage, un peu crottée, et l'aidant à venir reprendre sa place dans la voiture, au grand désespoir des voisins, qu'elle inondait d'une eau fangeuse. Cependant nos maux touchaient à leur fin. Les marchands avaient conté notre douloureuse aventure à la poste. On avait fait partir des ouvriers pour nous remettre en marche. La lune s'était séparée des nuages qui la couvraient. Le vent, la pluie avaient cessé au moment où nous descendîmes. Je proposai à mes compagnons d'infortune de laisser raccommoder la diligence, et de gagner la poste qui n'était, nous avait-on dit, qu'à une demi-lieue, pensant que nous aurions moins froid à marcher qu'à attendre sur le grand chemin. On trouva que j'avais raison : et nous voilà suivant le sentier battu. Je cherchais parmi nous madame Sillo; je sus qu'elle était restée dans la diligence, parce qu'elle craignait de perdre de vue sa malle, son porte-manteau, son sac de nuit, deux paniers pleins de raisins, et son paroissien, dont elle ne se séparait jamais, nous avait-elle dit; et en vérité, ce n'était sûrement pas dans ce saint livre qu'elle avait appris toutes les belles choses dont elle nous avait entretenus la veille.

Nous arrivâmes donc avant elle à la poste, où nous fîmes faire grand feu, et demandâmes une omelette. Nous étions fort aises d'être à l'abri, car le froid était assez piquant. Julie seule était d'une humeur massacrante; et en effet, il était difficile qu'en jetant les yeux sur un grand miroir qui se trouvait dans la salle où on avait mis le couvert, elle ne fût pas effrayée de sa figure. On se rappelle la triste chute qu'elle avait faite; toute sa personne en avait conservé des marques. Son visage, ses mains, ses cheveux, sa jolie cornette, son tablier noir, sa robe, tout était couvert de plusieurs lignes de limon. Elle s'enfuit dans la cour après s'être vue. Il fallut que je l'y allasse chercher pour la déterminer à rentrer. Qu'est-ce, lui dis-je? Quand on ne voyait pas clair, vous étiez telle que vous êtes, et vous ne vous en désespériez pas; il en est ainsi de bien des événemens de la vie qui, arrivés à notre insu, existent sans troubler notre tranquillité, et nous désespèrent du moment que nous ne les ignorons plus. Mais ici il ne fallait qu'un peu d'eau et une brosse pour réparer le désordre; j'engageai Julie à faire usage de l'un et de l'autre, et elle reprit sa forme naturelle, à quelques contusions près. Pendant que nous étions à table, la diligence arriva. Madame Sillo descendit pour se chauffer, car elle était transie pour avoir voulu garder ses précieux *effets*. On ne lui donna pas le temps d'approcher du feu. Le conducteur nous fit monter en voiture. Nous partîmes, à la grande satisfaction de Julie, et je dirais bien aussi à la mienne. Nous arrivâmes à Paris. Je ne regrettais pas beaucoup la société que je quittais, et je me faisais un grand plaisir de revoir Ursule, et de lui raconter toutes mes aventures en Bourgogne, pour l'entendre me dire : Ah ! Seigneur Jésus ! est-il possible ! vous me ferez mourir ! quelle imprudence !.... Je riais d'avance de toutes ses exclamations.

CHAPITRE XXI.

En descendant de la diligence, je pris une voiture, et nous nous fîmes conduire rue de la Sourdière. Il était neuf heures du soir quand nous arrivâmes. Ursule entend la voiture, et n'y fait aucune attention ; depuis quelque temps il en venait beaucoup dans la maison. Je fis décharger mes malles. Pendant que madame Topin se charge de les faire porter chez moi, je monte fort vite, et tire la sonnette. J'entends le pas traînant d'Ursule ; je crois qu'elle n'avait pas deux fois dans sa vie levé les pieds pour marcher. Elle arrive enfin, un flambeau à la main, ouvre la porte, et est si saisie en me voyant, que le flambeau lui tombe des mains : la bougie s'éteint en tombant; nous restons dans une obscurité parfaite; mais elle m'a aperçue : c'est sa chère Ernestine, le Ciel a eu pitié de l'ennui qu'elle éprouvait. Elle disait tout cela en me cherchant dans l'ombre, et croyant me tenir dans ses bras; c'est à Julie qu'elle prodigue ses plus tendres caresses; celle-ci ne savait à quoi attribuer un si tendre accueil. — Mais vous êtes bien maigrie, ma chère enfant! car elle touchait les joues creuses de Julie, ses bras maigres et carrés; tout cela lui paraissait très-différent de l'embonpoint qu'elle me connaissait. Cependant, c'était bien moi qu'elle avait pressée; elle ne rêvait point; elle n'avait pas encore dormi de la soirée.

Julie, qui enfin se douta du quiproquo, n'en était pas moins choquée; pour moi, très-empressée de me trouver en repos dans mon joli manoir, j'étais fort impatientée d'être à ma porte, sans lumière : je dis à Ursule d'allumer la bougie; ce fut un bien autre sujet d'effroi : ce n'était pas le squelette féminin qu'elle tenait dans ses bras, qui lui parlait, et cependant, la voix était bien la mienne. — Qu'entends-je ! ce n'est pas vous, dit-elle en repoussant la pauvre Julie; et qui est-ce donc que je tiens dans mes bras ? Je lui appris que c'était la femme de chambre de madame Gendron. — Mais, ajoutai-je, allume donc, et enfin tu nous verras. Voulant hâter sa marche, je pousse celle que je crois être Ursule, pour la faire entrer dans l'appartement; c'était encore Julie, qui serait tombée de son haut si elle ne se fût pas cramponnée au chambranle de la porte, contre laquelle elle se frappe encore la tête. Enfin Ursule, toute tremblante, arrive auprès du foyer, où, par bonheur, il se trouve du feu, et rallume sa bougie. — Oh! mon Dieu, dit-elle, que j'étais bête! c'est mademoiselle Julie que j'embrassais! oui, vous voilà bien; c'est ma chère enfant! voilà ce charmant embonpoint que je craignais que vous n'eussiez perdu; et elle m'embrassa cette fois-là tout de bon.

Quand sa première joie de me revoir fut calmée, elle commença à s'inquiéter du motif de mon retour, au moment où mon tuteur arrivait à Chemilly; car M. Gendron, qui ne manquait à rien, était venu la voir la veille de son départ. — Oh! lui dis-je, ma bonne, je te conterai tout cela demain; pour ce soir donne-nous à souper? — Je n'ai rien, et il est si tard! — Oh! il n'est encore que huit heures du soir; est-ce une heure indue? mais nous allons avoir un autre moyen de nous procurer ce que je demande. La portière montait pour éclairer ceux qui portaient mes malles; je lui dis d'envoyer chercher à souper chez un restaurateur : nous fûmes bientôt servies, et je mangeai du meilleur appétit. On fit un lit pour Julie, que j'engageai à se reposer un jour ou deux à Paris; proposition quelle accepta, car elle était excédée, brisée, froissée, *contusionnée ;* accumulant enfin toutes les expressions, françaises ou non, qui pouvaient donner une idée de la triste situation où l'avait réduite ce malheureux voyage, dont, toutefois, je comptais la dédommager très-généreusement; et ce fut une des premières choses dont je m'occupai dès le lendemain matin. Mais parlons un peu d'Ursule.

Dès que Julie fut couchée, ma vieille gouvernante me demanda ce qui m'avait fait quitter Chemilly. Alors je lui racontai tout dans le plus grand détail. Elle riait, pleurait, levait les mains au ciel, se frappait le front ; enfin, c'était une pantomime tout-à-fait divertissante. Je lui demandai à mon tour, ce qu'elle avait fait depuis mon départ, et s'il n'y avait rien de nouveau dans la maison. — Deux nouveaux voisins, dit-elle ; l'un au premier ; et l'autre au troisième, en face de nous. Ce dernier ne vous intéressera guère ; c'est une espèce d'ours qui croit être philosophe, parce qu'il a des manières opposées à tous les autres. — Et qui occupe le premier ? — Ah ! quand vous le saurez, vous serez enchantée ; et moi, j'en suis très-fâchée. — Je gage que c'est la marquise de Longueval. — Vous l'avez deviné : mais je vous conseille, ma chère Ernestine, de ne pas chercher à vous lier avec elle; c'est une femme, dont les mœurs ne conviennent pas à une jeune personne bien née. — Pure calomnie ; je suis bien sûre du contraire. — Oh! je suis certaine que plus je vous dirai qu'on ne doit pas la fréquenter, plus vous serez empressée de la voir. — Eh ! pourquoi alors me le dire, puisque cela ne sert à rien ? je ne suis pas effectivement très-crédule, surtout pour le mal que l'on dit des femmes. Il est si facile de les calomnier! Cependant, je trouvais plaisant que la Marquise fût venue loger dans ma maison; et j'étais curieuse d'en savoir la raison, que ma vanité me faisait deviner. Je voulus toutefois attendre

2 *

que Julie fût partie pour faire cette visite, dont je me promettais quelques plaisirs. Cette fille resta trois jours, pendant lesquels je la choyai comme si elle eût été ma sœur. On avait retenu sa place à la diligence; c'était une place du fond. Au moment où Ursule allait la conduire dans la rue Notre-Dame-des-Victoires, je tirai d'une de mes armoires, une fort jolie robe, en pièce, de lévantine brochée, que j'avais achetée quelques jours avant de partir pour Chemilly; j'y joignis une petite montre émaillée, avec une tresse de mes cheveux, et des attaches d'or: j'avais fait faire cette tresse, dans le même temps, pour la donner à Rosalie; le bijoutier ne l'avait pas finie assez tôt; l'ayant retrouvée chez lui, en allant choisir un bijou pour Julie, je pensai que sa maîtresse n'y attacherait plus un grand prix, et la donnai à la femme de chambre. Je ne puis disconvenir que cette fille la reçut avec une reconnaissance au-dessus de son état, m'assurant que, quoique les deux autres présens fussent plus riches, celui-là lui était infiniment plus cher et plus précieux. Elle ne tarissait pas sur mon éloge; et me dit que si jamais je prenais une femme de chambre, elle quitterait tout pour être à mon service : je la remerciai, et l'engageai à rester auprès de madame Gendron, ne voyant pas d'apparence que je fusse jamais en état d'avoir deux personnes avec moi. Je lui remis une lettre pour mon tuteur, où je lui racontais, en détail, mon enlèvement, non pour chercher à renouer avec sa femme et sa fille, mais pour que le meilleur ami de ma famille n'eût pas mauvaise opinion de moi. Quant à ces dames, je chargeai Julie de mes complimens, pour la fille, et de mes respects, pour la mère. Je ne doutai pas qu'elle ne leur reprochât leur injustice à mon égard ; car la robe, la montre et la chaîne, attestaient en moi, aux yeux de cette fille, la personne de mon sexe la plus parfaite.

Dès qu'Ursule fut montée dans le fiacre qui conduisait Julie à la diligence, je demandai à madame Topin si la marquise de Longueval était chez elle. — Elle n'est point encore sortie depuis ses couches, quoiqu'il y ait plus de deux mois que son fils soit né ; mais elle se trouve si bonne grâce sur une chaise longue, on lui fait une cour si assidue, qu'elle ne se décide pas à reprendre le cours ordinaire de sa vie, qui, m'a dit sa femme de chambre (car les femmes de chambre disent tout), est ordinairement très-active.

Je passai une robe qui m'allait très-bien, j'envoyai chercher, chez mademoiselle Doyen, un chapeau à la dernière mode, et lorsque je l'eus mis, je descendis chez la Marquise. Son domestique me demanda mon nom, qui n'intéressait guère sa maîtresse, mais bien son maître. Celui-ci, dès qu'il l'eût entendu, vint au-devant de moi : il était rayonnant de joie ; ses petits yeux pétillaient de plaisir, et n'en clignotaient qu'un peu plus ; la surprise avait arrêté un moment le mouvement de son sang, et il en paraissait plus jaune. Mais sa beauté et sa laideur m'étaient parfaitement indifférentes : je ne m'occupai que du plaisir de voir que je ne m'étais pas trompée, et que ce n'était pas entièrement par hasard qu'il avait loué dans la même maison que moi ; et en effet, pour mettre le lecteur au fait de cette intrigue. Il saura que M. de Longueval, devenu amoureux de moi le jour qu'il me vit au Muséum, m'avait fait suivre ; et qu'ayant su mon adresse, il avait, sans le dire à sa femme (qui s'avisait d'être à la fois infidèle et jalouse), cherché à se rapprocher de mon logement. Le premier étage de la maison était vacant. M. de Longueval avait si bien fait, que sa femme l'avait loué. Peut-être saurons-nous par la suite, qu'il ne fut pas le seul qui voulait que la Marquise prît cet appartetement. Nous n'en sommes pas encore à développer cette double intrigue ; mais je reste là dans le salon, tandis que le Marquis me le fait traverser, pour arriver dans la chambre à coucher de sa chère compagne. — Voici, dit-il à sa femme, en entrant, notre charmante voisine, qui a la bonté de nous prévenir. La Marquise, qui se serait bien passée de cette attention de ma part, et qui ne voulait pas que son mari, non plus que son amant, s'attachât à une autre femme, eut quelque peine à cacher, sous un accueil gracieux, la jalousie que mes dix-sept ans lui causaient. Je dis à Mme. de Longueval de ces phrases aimables, qui prouvaient, au contraire, que j'avais grand désir de lui plaire et de me lier avec elle. Elle réfléchit aussitôt que je pourrais lui être utile, soit pour distraire son mari, soit pour l'empêcher de s'apercevoir de sa conduite, soit même à fixer dans sa société quelques hommes aimables, qui feraient qu'on ne verrait pas exclusivement chez elle un être charmant que je ne connaissais pas

2**

encore, mais que je connaîtrai bientôt. Elle m'engagea donc à passer la soirée avec elle. On fera un peu de musique : l'aimez-vous? — A la folie. — Voyez, dit-elle, en voilà que je n'ai pas encore jouée ; je suis si faible, qu'à peine si je puis remuer les doigts. Je pris le recueil, j'exécutai sur le piano, à livre ouvert, le morceau le plus difficile. Le Marquis ne se possédait pas, il m'accablait de louanges. Sa femme me dit : Il paraît que vous avez préféré cet instrument à la harpe? — Je les aime tous deux, et je crois avoir un peu plus de supériorité sur la harpe ; et le Marquis courut chercher celle de sa femme. Je trouvai dans sa musique un air de Cimarosa, que je chantai avec expression, et m'accompagnai d'une manière assez savante. La Marquise disait : C'est délicieux ! c'est un talent supérieur! Mais vous savez donc l'italien, pour rendre si bien la pensée de l'auteur, que je ne connais que par la traduction, car j'avoue que je ne sais que ma langue, parce que j'ai toujours pensé qu'elle suffisait pour exprimer les sentimens de l'âme. — Je me suis occupée de l'italien à cause de la musique. — Sauriez-vous aussi l'anglais? dit le Marquis. — Je l'apprends. — Quoi! dit la Marquise, vous savez l'anglais! quel est votre maître? — M. d'Orsonville. — D'Orsonville: oh! c'est trop plaisant: Eh! mais, c'est lui qui s'est battu en sortant de la Comédie Française? — Je crois que c'est lui. — *Je crois*, est bon; mais voyez donc, Marquis, comme on se retrouve! — Pour moi, je m'embarrasse fort peu que M. d'Orsonville se soit battu ou non, dit Léopold, mais beaucoup d'avoir une jolie voisine. Otez-donc votre chapeau, votre schal; ils nous privent de la moitié de notre bonheur. M. de Longueval m'en ayant aussi prié, je les remis au Marquis, qui les porta sur une commode, derrière le paravent qui entourait la chaise longue de sa femme; une glace, où je voyais se peindre les actions de Léopold, sans qu'Amélie pût les apercevoir, me donna la certitude de l'amour que le Marquis avait pour moi; car croyant n'être point vu, il baisa mon schal avec transport. Je ne pus m'empêcher de sourire. Amélie me dit : Qui vous fait rire ? — Rien ; une mouche qui vole suffit pour m'amuser. — Ah ! que vous êtes heureuse, Mademoiselle! vous ignorez encore les émotions profondes. — Et j'espère les ignorer toujours. — Ne vous y fiez pas, dit le Marquis ; avec des yeux comme les vôtres..... — Eh bien ! que faisons-nous ? dit la Marquise ; de la musique, une bouillote, ou quelques walses ? — Mais il faut s'occuper ; l'oisiveté me tue, dit un jeune homme qui avait obtenu l'intérim, car je sus que l'objet chéri était absent. — Vous vous ennuyez, et vous ne faites que d'arriver ? A propos, et mon petit dessin ? — Il n'est pas fini. — Qu'est-ce que ce dessin, dit le mari ? — Vous êtes bien curieux. Je sus que c'était le portrait du nouveau-né que Théophile avait fait pour Amélie, qui adorait cet enfant, quoiqu'elle n'aimât guère celui dont il portait le nom. Enfin, on se décida pour une bouillote. La Marquise ne pouvait pas décemment quitter sa chaise longue pour walser, et voulut encore moins faire valoir mes talens aux dépens des siens, qui étaient assez médiocres. Une table de bouillote est le niveau le plus parfait ; belle, laide, bête ou spirituelle, il ne faut qu'un peu plus ou moins d'or : voilà la seule différence entre les joueurs. Je m'ennuyai mortellement malgré les soins du Marquis, et les regards passionnés qu'il me lançait toutes les fois que sa moitié ne le voyait pas ; et malgré même les faveurs de la fortune, qui me donna constamment le plus beau jeu, de sorte que je gagnai vingt-cinq louis dans la soirée. Il est vrai que tout ce qui jouait avec moi avait des sujets de distraction, tandis que je n'en avais aucun ; je profitais de leurs fautes, j'en avais scrupule ; cependant ce n'était pas la mienne. La Marquise, qui aimait beaucoup l'argent, n'était pas contente ; elle m'engagea, néanmoins, à lui sacrifier quelques-unes de mes soirées pendant qu'elle serait encore forcée de garder la chambre; je le lui promis. Le Marquis voulut absolument me donner la main jusques chez moi. Arrivée au haut des degrés, je lui fis une grande révérence en fermant ma porte ; et il n'était pas assez éloigné pour ne pas entendre les éclats de rire que sa ridicule passion provoquait, et dont Ursule me demanda l'explication.—Je vous l'avais bien dit que vous vous repentiriez de vous lier avec cette madame de Longueval ; le mari et la femme vivent fort mal, et bien sûrement vous serez compromise. — Je romprai dès que je verrai le moindre danger pour ma réputation. — Il vaudrait mieux... — Il vaut mieux, ma chère bonne, me laisser faire comme il me plaît, parce que je ne connais personne qui puisse m'en empêcher. En prenant mon sac, Ursule le trouva bien pesant.— Qu'avez-vous donc là de si lourd ?— Vingt-cinq louis que j'ai gagnés à la bouillote. — Oh ! mon dieu ! il ne fallait plus que cela ! jouer à dix-sept ans ! et que ferez-vous donc à cinquante ? Et Ursule de s'étendre sur tous les dangers de cette passion, qui est si pernicieuse pour les hommes, et qui déshonore une femme. Je la laissai parler, et je lui répondis seulement que mon père m'en avait bien plus dit qu'elle sur cet objet, mais que j'étais fort loin d'aimer le jeu, qu'il m'ennuyait infiniment, et que j'étais décidée à ne pas faire une seconde partie ; que, cependant, je remerciais le Ciel de m'avoir envoyé une chance heureuse, qui réparait le déficit que mon voyage m'avait causé. Je serrai mon or dans mon secrétaire, bien résolue qu'il n'en sortirait pas sur une carte. Je me levai d'assez bonne heure, comme c'était ma coutume, et la femme de chambre d'Amélie monta pour me dire que sa maîtresse m'attendait pour prendre du chocolat. J'acceptai ; et dans un négligé très-recherché, je descendis chez madame de Longueval. Je la trouvai debout; elle me fit passer dans son boudoir; son mari y était déjà, occupé à faire mousser le chocolat. Il y avait quatre tasses ; on attendait le dessinateur ; il vint, et on déjeuna. J'ai envie, dit la Marquise, que nous allions aux Tuileries ; la matinée est superbe. — Mon cabriolet est en bas, dit Théophile, je vous conduirai. — Je vous rejoindrai, dit Léopold; et en effet il se trouva presque aussitôt que nous sur la terrasse, où il y avait un monde énorme. La Marquise connaissait tout Paris ; elle saluait à droite et à gauche. C'était un exercice vraiment fatigant ; elle me nommait les plus beaux noms, même ceux que la fortune avait depuis peu élevés. Je vis que les femmes ne cherchaient point à l'accoster, qu'une simple révérence leur paraissait suffisante : il n'en était pas de même des hommes, il s'en trouva bientôt une foule qui nous entouraient ; je dis nous, car plusieurs parurent s'occuper de moi autant que d'Amélie ; mais comme cela grossissait sa cour, elle le souffrait. D'ailleurs, il n'y avait rien dans tout cela qui l'intéressât, pas même Théophile. Parmi la foule qui suivait nos pas, il se trouva un auteur qui offrit à la Marquise un billet de loge à Feydeau, qu'elle accepta, à condition que j'y viendrais avec elle : nul moyen de refuser. De ce moment, toute ma vie ne fut plus qu'une chaîne de plaisirs. Je partageais ceux d'Amélie ; le Marquis avait renoncé à être admis chez moi ; il savait que ma porte était fermée à tout le monde, et il se décida à me faire l'amour en perspective. Sa femme, voyant ma conduite avec lui, cessa d'être inquiète, et me jura qu'elle m'aimait à la folie ; bien plus, ajouta-t-elle, que je n'aime Théophile, que je ne supporte que parce qu'il faut bien ne pas paraître entièrement isolée ; mais ma chère amie, car au bout de six semaines j'étais sa chère amie, il n'est qu'un seul objet... — Votre mari, sans doute. — Ah ! je l'ai bien sûrement aimé, mais....... si je n'avais jamais rencontré celui-ci !........ ne croyez pas......... — Madame, je ne crois rien.

Trois mois se passèrent ainsi. Amélie ne me laissait pas un moment de liberté ; je négligeais pour elle toutes sortes d'instruction, et même je perdis chaque jour des talens qui m'avaient coûté tant d'études. Ursule me le disait, j'en convenais; mais je recevais un billet charmant de la Marquise, et je ne pensais plus à mes résolutions. Peu de temps après mon retour, j'avais envoyé chez d'Orsonville; je voulais savoir quelles relations il avait eues avec madame de Longueval. On me dit qu'il était déménagé, et qu'on ne savait pas où il avait été demeurer. Je ne m'en occupais plus, quand Ursule vint me dire quelque temps après, qu'Alfred avait épousé Melle. Rameau, qui ne lui permettait pas de sortir ; c'était au point d'enfermer ses habits. Il s'en dédommageait en la faisant enrager du matin au soir ; et il n'y avait pas à présumer que cette union fût de longue durée. J'en parlai à Amélie, qui connaissait très-bien le personnage, et qui trouva que le Ciel était juste. Ne devait-elle pas craindre qu'il ne le fût aussi pour elle ?

Cependant elle me parut encore plus froide avec Théophile, et avait plus d'humeur avec son mari, quoiqu'une douce joie brillât dans ses regards. Enfin, ne pouvant supporter seule le poids de sa félicité, elle m'emmena dans son boudoir, ferma sa porte, et se jetant dans mes bras, elle me dit, en versant des larmes de tendresse : Il arrive ! ma chère amie, peut-être ce soir. — Qui donc ? — Eh ! mais, cet être céleste (*) dont je vous ai parlé. Je veux qu'il soit votre ami, que vous l'aimiez comme un frère ; vous êtes dignes de vous apprécier : vous viendrez passer la soirée.

(*) Les femmes disent toutes que leurs amis sont célestes. Quelle pureté de sentimens !

J'ai bien besoin de le revoir, car ma santé est bien mauvaise depuis quelque temps ; c'est sûrement un commencement de grossesse ; et en effet, elle se tenait depuis deux jours sur sa chaise longue, et son mari disait à tout le monde : En vérité! madame de Longueval se croit toujours grosse, et Dieu sait...... Je me rendis chez elle le soir comme je le lui avais promis. Elle était négligemment couchée sur son sofa. Jamais l'art n'avait aussi bien imité la nature ; je me rappelai les vers que d'Orsonville m'avait cités, en me parlant d'elle, et je vis qu'ils convenaient fort bien à madame de Longueval ; du reste, elle était très-émue, et son agitation était visible. Cependant l'heure avançait, et le bien-aimé n'arrivait pas. On annonça plusieurs personnes ; la Marquise paraissait inquiète, regardait avec vivacité quand on ouvrait la porte, puis soupirait languissamment en voyant son attente trompée. Quel est celui quelle attend ? Vous le saurez, et vous en serez peut-être aussi surprise que moi, et bien moins mécontente. Enfin, il parut cet être céleste, que son Amélie ne put voir sans montrer un si grand trouble, qu'il n'y avait qu'un mari qui pût ignorer que c'était son amant.

CHAPITRE XXII.

Eh bien ! vous voulez savoir quel est cet homme ? C'était l'un des deux officiers qui nous avaient suivies, Rosalie et moi, à Versailles ; qui voulaient monter en voiture avec nous; cet officier qui me força à quitter les Tuileries par ses impertinences ; qui, enfin, se battit, en effet, pour moi. Je n'ai pas besoin de vous le nommer, vous le connaissez. — Si je le connais ? Je pourrais dire ainsi que Figaro : *comme ma mère*. Ah ! c'était lui qui était l'objet des plus tendres affections de la Marquise ?—Oui, mais vous dire si la calomnie ne changeait pas en certitude ce qui n'était que présumable, cela ne m'est pas possible ; ce que je sais, c'est qu'il ne parut en rien me connaître et me salua sans aucune distinction. Il alla s'asseoir sur le pied de la chaise longue de la Marquise ; lui demanda négligemment comment elle se portait. — Mieux à présent. Et ce *mieux* était prononcé avec une expression faite pour émouvoir un rocher. Ce *mieux* était comme le *quoi qu'on dît*, des *Femmes Savantes*; c'était dire à son bien-aimé : Tant que je ne vous ai pas vu, mon cœur a ressenti des maux cruels ; je vous vois, tout est riant autour de moi ; mais le plus fâcheux pour la Marquise, c'est que le cher d'Herbain n'avait pas l'air de s'apercevoir de ses tendres expressions.

Madame de Longueval sortit un instant pour donner quelques ordres ;

son mari la suivit. M. d'Herbain s'approche de moi : Eh bien ! suis-je toujours pour vous, Mademoiselle, un objet d'horreur ? — Vous avez grand tort, Monsieur ; je ne vous aime pas, voilà tout. — Et vous aimez d'Orsonville ? — Encore moins.... La Marquise rentra. Ludovic promène ses doigts sur le piano, et me demande si j'avais entendu toucher madame de Longueval. — Oui, lui répondis-je, elle chante et accompagne la romance d'une manière délicieuse. — Et vous, Mademoiselle, ne peut-on vous entendre ? Comme je vis que cette proposition ne plaisait pas à madame de Longueval, je répondis que le piano n'était pas d'accord. Il vint du monde, on joua au boston : j'avais trouvé le moyen de dégoûter la Marquise du brelan. Madame de Longueval, comme on le pense bien, garda le beau d'Herbain pour sa partie, et me plaça à la même table que deux douairières, et Théophile, qui ne voyait que d'un œil d'envie combien Léopold lui était préféré.

Le Marquis n'avait pas voulu jouer sous prétexte de me conseiller, et, dans le vrai, pour se mettre à côté de moi et me dire des douceurs, que je recevais toujours en riant; ce qui le mettait au désespoir. Ce n'est pas que je n'eusse quelque raison d'être inquiète en retrouvant M. d'Herbain; mais on sait aussi, que je rejetais promptement une pensée qui se présentait à moi sous un aspect chagrinant. Je me dis bientôt à moi-même : Au surplus, que m'importe que M. d'Herbain m'aime et veuille tromper, pour moi, son Amélie? Je l'aurai bientôt débarrassé de cette fantaisie. Je le soupçonne d'avoir tout avancé pour être à portée de m'exprimer ses sentimens, et cela était vrai, car il en est convenu depuis; mais il n'y gagnera rien.... Je voudrais bien, cependant, qu'il parlât de son ami. Je ne voulais pas lui en demander des nouvelles, ne sachant pas si St.-Elme lui avait dit qu'il m'avait revue en Bourgogne, M. de Saldone, car j'étais faite pour les rencontres originales.... Arrêtons-nous un instant à ce personnage. Ce nouveau voisin qui logeait sur mon propre palier, et qu'Ursule appelait un ours, était précisément M. de Saldone, le père de ce petit garçon qui m'avait tant impatientée dans la route, et qu'il avait eu d'une paysanne. Depuis quelques jours qu'il s'était fait présenter chez la Marquise, par l'auteur que nous avions rencontré aux Tuileries, Amélie ne faisait pas grande attention à lui; il n'était pas très-riche, ni très-jeune; il ne tenait à aucun ministère : à quoi bon un tel homme! Mais Saldone trouvait que la société de la Marquise était une véritable encyclopédie; et, comme il avait la prétention d'être fort grand observateur, dès que son cher fils était couché il descendait chez sa belle voisine, se mettait au coin de la cheminée, lisait le journal, retournait les bûches, sonnait quand Amélie le lui disait, remontait chez lui quand la société se séparait, et revenait le lendemain pour ne rien dire de plus que la veille. Mais cet homme, qui m'avait paru si insignifiant, m'inspira tout à coup un véritable intérêt. Il se trouva qu'il était ami de Saint-Elme. Je le vis, à mon grand étonnement, se lever et s'avancer vers la table près de laquelle était Ludovic, et lui demander : Comment, M. d'Herbain ici sans Saint-Elme ? ce bon Saint-Elme ! — Il n'a pas l'honneur d'être connu de madame la Marquise; d'ailleurs, sa sœur est malade, et vous savez que Saint-Elme est le garçon le plus sentimental que j'aie connu. — Ah! c'est une créature parfaite : esprit, talent, instruction, sûreté dans le commerce intime, égalité d'humeur, douce gaieté, il a tout; que celle qui l'épousera sera heureuse ! Mais point de fortune. — Point de fortune! reprit Amélie ; c'est fâcheux. *Je demande à cœur.* C'est donc là, dis-je en moi-même, tout ce qu'elle a remarqué de ce que M. de Saldone vient d'énumérer ! Pour moi, je n'avais pas perdu un mot, et je sentais que je ne l'oublierais pas de sitôt. Comme j'aimais ce M. de Saldone de rendre si bien justice à mon libérateur !... Je trouvais facilement la raison qui avait empêché M. d'Herbain de présenter son ami à la Marquise : il avait le projet de me plaire, et savait que Saint-Elme avait de grande qualités, dont il ne pouvait supporter le parallèle ; mais comment son ami (qui n'ignorait pas que j'étais dans la maison de la Marquise), n'y venait-il pas ? On en apprendra la cause quand tout ceci se débrouillera.

CHAPITRE XXIII.

D'Herbain s'était si parfaitement contraint, que madame de Longueval n'eut pas la moindre idée qu'il me connût, et je ne pouvais m'empêcher de rire en voyant avec quelle confiance Amélie se croyait certaine de régner sur le cœur de Ludovic. Théophile, plus clairvoyant que Léopold, les observait, et on apercevait dans ses regards tous les symptômes de la plus violente jalousie. Était-ce à juste titre? je n'en sais rien. Le Marquis trouva encore l'instant de me parler de sa tendresse, sans avoir plus de succès.

Ce qui m'étonnait, c'était la discrétion de Ludovic. Il paraissait borner son bonheur à me voir. J'en aurais eu davantage à me trouver avec son ami; mais j'en savais des nouvelles par M. de Saldone. Souvent, pour m'entretenir de mon libérateur, je ne jouais pas, et alors je causais avec notre philosophe, et je le ramenais toujours sur le compte de son ami, et sur les événemens de la vie de Saint-Elme, car M. de Saldone l'avait vu naître. J'appris de lui que Francisque de Saint-Elme, ayant émigré comme bien d'autres, comme bien d'autres aussi en rentrant n'avait rien trouvé; que ses terres, lorsqu'il en avait, étaient voisines de celles de M. de Saldone, et que ses possessions étaient assez près de celles du général et de Chemilly. Il savait bien des choses ce M. Saldone, mais il ne disait jamais que ce qu'il voulait dire.

3 **

Sa conversation me plaisait beaucoup, surtout quand il parlait de Saint-Elme. C'est dommage, disait-il, qu'il soit si pauvre, car vous vous conviendriez. — Vous le croyez? — J'en suis persuadé; je lui ai parlé de vous. — Que vous a-t-il dit? — Que vous étiez la plus jolie femme qu'il ait vue. — Il ne vous a dit que cela? — Pas plus. Et je ne sais quelle idée sombre vint rembrunir mon humeur; je la secouai bien vite. Tant pis pour lui, s'il ne me trouve pas d'autre qualité que celle d'être jolie; il eût pu, soit dit sans vanité, remarquer que j'ai un bon cœur, que je suis gaie, que j'ai quelques talens et de l'instruction. Ah! s'il n'a vu en moi qu'une jolie poupée, je fais peu de cas de son souvenir, et je ferai l'impossible pour le bannir du mien.

M. Gendron n'avait point répondu

à ma lettre. Je savais qu'il était revenu à Paris avec sa famille, car j'avais envoyé recevoir mon quartier. C'était Ursule qui s'y était rendue; elle ne vit point ces dames; quant à M. Gendron, il ne put s'empêcher d'exprimer ses regrets que nos liaisons d'amitié fussent rompues. — Et qui vous empêche de venir chez Mademoiselle ? — Tout. Ma femme, ma fille..... Mais quand celle-ci sera mariée !.... — Quoi ! ma Rosalie va se marier ? — Très-promptement, à ce que je crois, et elle fait un des plus beaux mariages auquel elle ait pu prétendre. — Puis-je le dire à Mademoiselle ? — Ce n'est pas un mystère.—Oserais-je demander le nom ?... — Elle épouse le comte de Valsery, général de division. C'est un homme charmant, ajouta M. Gendron, *et immensément riche.*

Ursule n'eut rien de plus pressé que de me conter cette nouvelle. Au premier moment je voulais écrire à mon tuteur, pour lui faire connaître la folie qu'il faisait en donnant sa fille à un homme qui était incapable de faire son bonheur. Un reste d'amitié pour Rosalie m'inspirait le désir d'avertir son père de l'immoralité du comte de Valsery; mais tout à coup je me dis: Je serais bien bonne de me tourmenter de leurs affaires; n'aurait-il pas dû suffire de son attentat envers moi pour le juger? Apparemment il leur aura fait croire que c'était moi-même qui avais voulu le rejoindre; et leur manière de se conduire à mon égard le prouve. Eh bien ! qu'ils s'allient avec cet homme, dont tout le mérite est dans les camps, je ne m'y opposerai point; et je suis bien sûre que Rosalie sera bientôt abandonnée de son époux.

Elle est belle, mais incapable de ces soins qui arrêtent un infidèle, le forcent à revenir aux pieds de l'objet aimé : seule, sans guide à la Cour, où sûrement Valsery la fera présenter, elle grossira le nombre des femmes qui, comme Amélie, échangent étourdiment, pour quelques plaisirs fugitifs, la considération et le bonheur de toute leur vie. Elle n'est pas ma parente, elle a cessé d'être mon amie; ce n'est pas à moi à m'en tourmenter. Je n'y pensai plus. Quinze jours après, je lus dans le journal : Que la comtesse de Valsery avait été présentée, et était Dame du Palais. Le soir, M. d'Herbain parla de ce mariage. On disait que le Comte avait été très-amoureux d'une charmante personne, qui avait su échapper à un complot qui devait la perdre. — Saint-Elme, dit Saldone, se trouva fort à propos pour sauver cette jeune fille, qui joignait, m'a-t-il dit, à la plus aimable figure, un esprit supérieur. — Contez-nous donc cette histoire, dit Amélie. Saldone y consentit. Mais permettez, ajouta-t-il, que je cache le nom de cette charmante personne, et le lieu de la scène. Cette phrase me rassura, et j'eus l'air, comme tout le reste de la société, d'écouter avec une grande curiosité le récit de ma propre aventure.

Saldone avait une manière de conter originale, évitant la sécheresse et la prolixité. On trouva le tour excellent. Mais quand on demanda si Saint-Elme avait profité de la reconnaissance que la belle devait lui conserver : Voilà, reprit Saldone, ce qui donne une idée parfaite du caractère de mon jeune ami. Il n'a pu se défendre du charme qui brille dans cette nouvelle Hélène ; mais plus il se sent entraîné vers elle, plus il s'en éloigne ; parce qu'en rendant justice à son esprit, à ses grâces, il craint qu'emportée par la vivacité de son caractère, par l'insouciance dont elle fait profession, elle ne soit entraînée par le torrent ; et qu'ayant reçu de la nature tout ce qui peut rendre un époux heureux.... — Ah ! voilà bien Saint-Elme, interrompit d'Herbain, il épouse toujours sans parler d'épouser ; il semble qu'on ne puisse dire à une femme qu'elle est jolie, sans que ce soit par acte devant notaire. Pour moi, serviteur zélé du petit Dieu, je n'ai nulle envie de me plier sous le joug de son ennuyeux frère. — Vous en connaissez trop les inconvéniens, dit Théophile, avec un sourire sardonique ; tout trompeur est trompé. — Soit; c'est une raison de plus.

Tout ce que je venais d'entendre bouleversait ma pauvre tête. Je voulais rire, et je ne pouvais rencontrer que sujet de m'affliger. Cette disposition, que je voulais combattre, me donnait quelque chose de gêné, de gauche; et feignant un mal de tête insupportable, je remontai chez moi.

M. de Saldone et le Marquis s'empressèrent de m'accompagner. Théophile et d'Herbain restèrent auprès de la Marquise. Les deux rivaux s'examinèrent; et croyant tous deux avoir à se plaindre d'elle, commençaient même à se dire quelques mots assez piquans, qui effrayèrent la belle. Elle se trouva mal, et le bon mari en fut fort affligé : car il croyait être cause des dérangemens de la santé de sa compagne. D'Herbain, qui ne manquait à rien des devoirs de sa charge, ne quitta la belle malade qu'après qu'elle fut entièrement revenue à elle. Théophile y resta aussi, et ce fut un nouveau sujet d'inquiétude pour Amélie en les voyant sortir ensemble. Cependant, il est à présumer que ni l'un ni l'autre n'en voulait venir aux mains; l'un, parce qu'il prenait un faible intérêt à la Marquise; l'autre, parce qu'il méditait une vengeance plus éclatante, dont il cherchait et attendait l'occasion avec une patience italienne.

Théophile né à Florence, se nommait de son nom de famille, Bracelli. Il était fils d'un estafier du Grand-Duc. Il avait néanmoins reçu une éducation soignée, et ces événemens qui ont anéanti tant de familles respectables, ont fait sortir de l'obscurité un nombre d'individus qui brillent à leur tour sur la scène du monde. Théophile Bracelli fut un de ceux-là. Il n'avait point de goût pour les armes. Il aimait la vie et l'argent ; il entra donc dans les vivres, et fit en peu de temps une grande fortune. Il quitta l'Italie, et vint à Paris, où il fut aussi heureux. Il eut occasion de faire connaissance avec la Marquise, qui lui fit obtenir une liquidation importante : c'était, comme je l'ai dit, pendant l'absence de M. d'Herbain. Il s'éprit des charmes d'Amélie, et devint ami de M. de Longueval, dont il goûtait le genre d'esprit. Le beau ciel d'Italie lui avait donné le goût des arts, et nous avons vu qu'il avait fait le portrait de l'héritier présomptif de la maison de Longueval, qui était réellement un fort bel enfant. Ce dessin, plein de grâces, rappelait le faire de cette belle école de Florence, dont l'élégance et la pureté du dessin sert depuis si long-temps de modèle à nos maîtres modernes ; mais si Théophile avait apporté de l'ancienne Ausonie le tact heureux pour tous les arts, car il était aussi fort bon musicien, il possédait surtout cette profonde dissimulation qui attire dans le piége l'ennemi que l'on veut perdre, et c'est sur la Marquise qu'il dirige ses traits. Aussi se sépara-t-il très-paisiblement de son rival.

CHAPITRE XXIV.

On m'a vue, pour la première fois de ma vie, mécontente de ma situation, et d'autant plus que je ne pouvais m'en prendre qu'à moi-même du chagrin que je ressentais, puisque c'étaient mes imprudences qui donnaient à Francisque l'opinion qu'il avait de moi. Ursule, étonnée de me voir d'aussi bonne heure, et me trouvant pensive, crut que j'étais malade; elle ne voulut point se coucher afin d'être plus à portée de me donner ce dont j'aurais besoin. Je l'assurai, au contraire, que je n'avais d'autre désir que de dormir. Je me couchai très-promptement pour réfléchir, et voir si réellement je devais m'affliger ou non, de ce qu'avait dit M. de Salédone, et voici comme je raisonnais :

M. de Saint-Elme m'aime, cela me fait plaisir; car, quelle est la femme qui n'éprouve de la joie d'être aimée d'un homme beau, jeune, aimable, bien né; dont les yeux bleus, les sourcils noirs contrastent si agréablement avec sa belle chevelure blonde, et dont les lèvres de corail font ressortir l'émail de ses dents ; c'est ainsi qu'on dit en style romantique, qui a les dents blanches et la bouche vermeille. Comment être fâchée de plaire à un homme fait à peindre, ayant un pied et une jambe parfaits ; il me semble qu'il y aurait ici plus d'une femme de mon goût. Pourquoi m'affligerais-je, dis-je, d'apprendre qu'il m'aime ? Il est vrai qu'en même temps je remarquerai qu'il doit avoir une assez mauvaise opinion de ma tête, et que mes imprudences... mais sans mes imprudences m'aurait-il connue? m'aurait-il aimée? Si j'avais été une petite personne bien soumise à ma vieille gouvernante, aurais-je été à Versailles, dîner chez un restaurateur? aurais-je été seule à la Comédie-Française? aurais-je été à cheval, suivie d'un laquais, à deux lieues de l'habitation de mon tuteur, traversant un bois que l'on m'avait dit n'être pas sûr? Non; je n'aurais rien fait de tout cela; donc, je n'aurais pas été rencontrée par Saint-Elme; il ne me connaîtrait pas, et il a fallu que je fisse toutes ces sottises pour qu'il sût que j'existais, pour qu'il m'aimât. L'un est la suite immédiate de l'autre : de quoi m'affligerais-je? Mais il me fuit; m'avait-il demandé la permission, en se séparant de moi à Chemilly, de venir me faire sa cour? Il n'en a rien fait, et sans M. de Saldone, j'ignorerais qu'il est à Paris; il redoute la violence de son amour : bien rarement les hommes résistent à leurs passions; si j'en ai inspiré une véritable à Saint-Elme, il ne tiendra pas sa résolution; il me reverra, il m'aimera, il m'épousera, et je serai la plus heureuse des femmes. Qui me donne donc de l'inquiétude? Bannissons-la; remettons-nous en à la destinée, et dormons tranquillement en attendant ce qu'elle voudra faire de moi. J'avais à peine fait cette judicieuse réflexion que je m'endormis.

Je ne vis à mon réveil que l'image de Francisque. Je me dis : Il m'aime, et tout s'embellit autour de moi du charme de l'amour. On pense bien que le soir je n'en fus pas mieux disposée à bien traiter mes deux soupirans. Néanmoins, pendant que M. et madame de Longueval avaient une dispute assez vive sur l'époque où naîtrait l'enfant dont Amélie était enceinte, Ludovic profita du moment pour me dire qu'il n'aurait de tranquillité que lorsqu'il serait parvenu à obtenir son pardon de la manière dont il s'était conduit avec moi, avant de savoir qui j'étais. Je l'assurai que, par cette raison même, il ne m'avait point offensée, puisque ce n'était pas à mademoiselle de Nainville que s'adressaient ses impertinences, dont, au surplus, le coup d'épée qu'il avait reçu au milieu de la poitrine l'avait bien assez puni pour que je ne m'en souvinsse plus. — Alors, je puis donc espérer ?... — Que voulez-vous dire ? — Espérer que vous m'accorderez votre main ? — Fidèle, disiez-vous il y a quelques jours, au petit Dieu, vous ne voudriez, pour rien au monde, vous plier au joug de son ennuyeux frère. — C'est une manière de dire. — Et de penser, mais qui m'est fort indifférente,

> Car je ne veux de vous,
> Ni pour mon chevalier, ni comme mon époux.

— Vous n'avez pas dit de même au beau d'Orsonville. — Il est certain qu'il s'est battu pour moi ; dont bien me fâche ; mais il est à présumer qu'il n'en attendait pas un prix bien flatteur, puisqu'il y a plusieurs mois qu'il est l'heureux époux de mademoiselle Rameau, maîtresse de pension. — On me l'avait dit, je ne pouvais le croire ; mais enfin, me forcerez-vous à recourir...... La querelle entre les deux époux s'apaisa. M. d'Herbain parla aussitôt de choses indifférentes ; la société se réunit, et l'on fit de la musique, parce que d'Herbain avait signifié que le boston l'ennuyait à mourir. Nous exécutâmes plusieurs *duos* de harpe et de piano, avec Théophile, que d'Herbain accompagnait de la flûte. La Marquise chanta une ariette italienne, aussi bien qu'il est possible quand on ne sait pas la langue de Cimarosa.

Plus de six semaines se passèrent sans apporter aucun changement dans notre société qui, tout-à-coup, s'augmenta. Madame de Longueval, quoiqu'elle tînt à un autre ordre de choses, n'en allait pas moins à Saint-Cloud quand l'occasion se présentait, parce qu'elle voulait obtenir quelque faveur du Gouvernement pour son mari, ou pour son amant, ou pour quelques amis dont la reconnaissance était certaine. Elle en revint un jour dans l'enchantement ; elle avait retrouvé un de ses intimes amis, l'aimable comte de Valsery : il m'a présenté sa petite femme ; c'est la fille d'un notaire ; elle a bien encore un peu du vernis de la bourgeoisie, mais son mari la formera. C'est un homme charmant, du meilleur ton ; ses manières ont de la grandeur, de la magnificence ; réellement, il faut qu'il y ait quelque erreur dans son baptistaire : il est impossible que ce soit le fils d'un négociant de Vaucluse ; on n'a pas l'air plus grand seigneur. Il viendra ici, il m'amènera la petite Comtesse. — Elle est belle, dit Ludovic. — Oui, mais de ces physionomies qui ont besoin d'être animées. Son mari se plaint de sa froideur ; en vérité il faut être difficile pour ne pas aimer à l'adoration un homme comme celui-là. — Et vous en voilà coiffée, dirent à la fois l'amant et le mari.—

4*

On peut, sans manquer à ses devoirs, trouver qu'un homme est bien. —
— Qui vous dit le contraire ? Nouveau sujet de querelle conjugale ; quand on entend entrer dans la cour une voiture, et un moment après on annonça le comte et la comtesse de Valsery.

Qu'on se figure la bonne mine que nous fîmes. Je voulus, sur-le-champ, mettre fin à la singularité de notre situation : Général, dis-je en m'adressant à M. de Valsery, je ne m'attendais pas à vous revoir l'époux de celle qui fut mon amie, la compagne de mon enfance ; je vous en fais bien mon compliment, vous ne pouviez faire un meilleur choix. Convenez que je vous ai rendu service ; car, si je n'avais pas échappée à vos gens, vous n'auriez pas été uni à une femme charmante, et dont la dot vaut dix fois la mienne. Oublions vos torts, et rendez-moi mon amie. Convenez, de bonne foi, que vous seul fûtes coupable. Le général étonné du ton dont j'avais pris cette affaire, s'en tira par le seul moyen que je lui avais laissé. Il convint que, d'après mes refus formels, il était un fou d'avoir tenté de m'enlever. Il pria sa femme de faire sa paix.

Rosalie, qui se trouvait depuis son mariage dans un nouveau monde, parut bien aise de me rencontrer. Elle s'approcha d'un pas, j'en fis quatre, et nous nous trouvâmes dans les bras l'une de l'autre. Je suis enchantée, dit la Marquise, que vous vous conveniez, car la société de l'aimable Ernestine m'est très-précieuse. Nous ne nous quitterons pas. — Ce seront les trois Grâces, dit en souriant malicieusement Ludovic, qui eût autant aimé que le Général ne fût pas là ; il ne nous manquera que l'Amour. — Comme on apportait à l'instant le petit Frédéric : Madame, ajouta Théophile, voici précisément le petit dieu qui complète votre cour..... Dès ce moment, il n'y eut plus de contrainte dans la société. Le général, qui savait qu'il n'avait rien à prétendre avec moi, et qui, d'ailleurs, était encore amoureux de sa femme, ne fut que galant et aimable. Je crus qu'il en était de même de Ludovic ; et je me trompais étrangement : il ne pouvait se résoudre à renoncer à moi. Quant à Léopold, je m'amusais de ses soupirs, de ses allusions, de ses soins, qu'il partageait, néanmoins, entre sa femme et moi ; reprenant toujours, pour Amélie, une amitié nouvelle, quand elle lui donnait les honneurs de la paternité. Aussi, notre société était fort calme ; et, cependant, pour parler poétiquement, ce qui fait toujours bien en prose, nous marchions, la Marquise et moi, sur des volcans. Je vais placer ici une anecdote, qui devrait entrer dans les mémoires de la Marquise, si jamais on les écrit. Comme elle m'a beaucoup amusée, je veux vous faire partager le plaisir qu'elle m'a fait. Cependant il n'est pas certain que je réussisse : combien d'auteurs vous tirent à l'écart pour vous lire un conte, le plus agréable du monde, vous disent-ils, et qu'on ne peut entendre sans rire aux éclats. Molière, ajoutent-ils, en aurait tiré le plus heureux parti ; et Scaron en eût embelli son *Roman Comique*. L'auteur lit donc, et celui qui l'écoute est heureusement debout, car il serait surpris du sommeil ; il dissimule quelques baillemens. L'auteur, le voyant insensible à ses insipides plaisanteries, conclut que son ami est attaqué du *spleen;* car il est, dit-il, le seul qui n'ait pas demandé grâce, ne pouvant supporter la violence des ris qu'excite ce conte. Eh bien ! il en sera peut-être autant du mien ; que dis-je, un conte ! vraiment, c'est bien, comme dit Figaro, *une bonne vérité*. Ecoutez :

Vous savez que Ludovic veut dire Louis ; qu'ainsi la fête du cher Herbain arrivait le 25 août. Le Marquis, comme vous le savez aussi, se faisait nommer Léopold, saint très-important, mais qui se célèbre je ne sais quel jour de l'année, qui n'est sûrement pas le même que celui du saint Roi. Cependant M. de Longueval se nommait Louis aussi ; car on avait voulu lui donner plus d'une protection dans le séjour céleste; mais depuis que ce nom, si cher aux Français, ne rappelait plus que des crimes ou des malheurs, le prudent Marquis l'avait rayé de ses tablettes, et il se souvenait à peine que Louis IX fût son patron. Cependant, comme Amélie voulait absolument fêter son cher d'Herbain, elle imagina de donner un thé dansant, et de faire venir Brunet et sa troupe pour jouer des proverbes; enfin, de faire faire des vers à double allusion; et ce fut moi que l'on chargea d'éloigner le mari, l'amant, et même Théophile qui devait avoir son bouquet, car il s'appelait aussi Louis. On avait quelque raison de le ménager depuis qu'il paraissait y voir clair. Je leur proposai à tous trois une promenade au bois de Vincennes. Théophile nous offrit de nous mener dans sa calèche. La Marquise prétexta que dans un commencement de grossesse, la voiture lui était dangereuse. Je fus donc seule avec les trois Louis, qui ne s'imaginaient guère que l'on s'occupât de les fêter. Quand le jour tomba, je parus désirer revenir, et on reprit le chemin de Paris. Le Marquis fut très-étonné, en arrivant, de voir des lampions à sa porte, vingt voitures dans la rue, arrêtées devant la maison, l'escalier illuminé. Il monte, ne sachant ce que cela veut dire, il entre dans le salon. On attendait Louis-Léopold, Ludovic et Louis-Théophile, qui tous trois reçurent de la Marquise un bouquet et des vers charmans. Léopold, loin d'être touché de cette attention de sa chère moitié, fut prêt à se fâcher : Que signifie cette mauvaise plaisanterie? vous savez bien que je ne m'appelle que Léopold. — Et depuis quel temps? — Depuis bien des années. — Eh bien ! mon cher Marquis, vous reprendrez celui de Louis, qui en vaut bien un autre.— Je n'en vois pas la raison.—Moi, je la sais. Le pauvre Marquis fut contraint de se laisser fêter, et ne pouvait deviner la raison qui avait porté sa femme à célébrer le père de nos anciens Rois. Il se prêta le mieux qu'il put à toute la gaieté de cette fête, dont Louis-Théophile n'était pas plus content que lui. Le seul Ludovic jouissait avec orgueil, et il semblait avertir tous ceux qui étaient là, que le thé, la symphonie, les proverbes, les fleurs, les vers, tout était pour lui seul ; ce qu'il y avait encore de plus révoltant, c'était de voir la Marquise en faire confidence à cinq ou six de *ses tendres amies*, qui le disaient à l'oreille de leurs attentifs ; ceux-là le confiaient à leurs amis ; de sorte qu'avant la fin du bal, tout le monde sut que la fête du mari n'avait servi que de prétexte à celle de l'incomparable Ludovic, et rien encore n'ouvrit les yeux du Marquis.

Depuis qu'Amélie avait pour amie une Dame du Palais, car Rosalie fut aussi son amie, elle allait sans cesse à la cour, qui alors se tenait à la campagne, comme dit le Bourgeois Gentilhomme(*), et c'étaient des voyages continuels de Paris à Saint-Cloud. Le bel attelage gris-pommelé que regrettait tant Égérie, avait passé à la légitime épouse qui l'aimait aussi; et il enchantait Amélie, lorsque la Comtesse venait dans sa dormeuse attelée de ces six chevaux, pour nous chercher: ce bel attelage faisait mettre aux fenêtres tous

---

(*) Un habit de campagne pour aller à la Cour.

les paisibles habitans de la rue de la Sourdière, qui conservent la simplicité des mœurs qui convenaient si bien au bon La Fontaine (*). Je n'étais pas toujours de ces courses, parce qu'elles nécessitaient beaucoup de toilette, et que mon revenu était borné; d'ailleurs, depuis quelque temps, j'avais une occasion de dépense de plus. Ursule était si souffrante d'une sciatique, qu'elle ne pouvait sortir de son lit. Il m'avait fallu prendre une femme de chambre, jusqu'au jour où ma pauvre bonne put reprendre ses fonctions auprès de moi. Je refusais donc assez souvent d'accompagner ces dames. Un jour que M. le Marquis de Longueval se trouvait de service à l'état-major de

___

(*) Cet inimitable poëte demeurait rue de la Sourdière, chez madame de La Sablière.

la place auquel il était attaché, Rosalie vint nous chercher; je refusai, et je consacrai cette journée à celle qui m'avait donné tant de soins dans mon enfance. Elle y fut très-sensible; je dînai auprès de son lit. J'écrivis, sur la société, où je passais ma vie, quelques-unes des réflexions qui sont entrées dans ces mémoires. Je dis à Victoire que je me coucherais de bonne heure, et en effet, bien avant minuit j'étais dans mon lit. J'avais toujours une lampe auprès de moi. Je n'étais pas encore endormie quand elle s'éteignit; et en même temps, il me sembla entendre des pas dans ma chambre; la frayeur fut mon premier sentiment; le second, la volonté ferme d'une courageuse résistance. Je me sens saisir une main, et une voix que je ne pouvais méconnaître, quoique l'on parlât très-bas, me dit : Ne craignez rien, chère Ernestine, de l'amant le plus soumis et le plus tendre. Bien sûr que c'était Ludovic, ma crainte se dissipa; car j'étais bien certaine qu'il n'en voulait pas à ma vie, et que j'aurais du secours avant qu'il accomplît ses infâmes desseins. Vous êtes bien osé, lui dis-je du son de voix le plus assuré, de vous trouver ici; sortez, ou je vais appeler du secours, et madame de Longueval saura quel fonds elle doit faire sur votre amour. — Je n'en ai point pour elle, elle devrait le savoir; peut-il y avoir de l'amour sans estime? peut-on estimer celle qui manque à ses devoirs? qui introduit des étrangers dans sa famille? mais vous, Ernestine, vous n'avez rien à redouter, je vous adore, ma vie entière vous sera consacrée. — Sortez, Monsieur, sortez, où je vais jeter des cris qui réveilleront toute la maison, et vous serez en butte à la raillerie de tous ceux qui l'habitent. Mes raisonnemens ne calmaient point la vivacité des transports de Ludovic. J'avais trouvé le moyen de saisir le cordon de ma sonnette, je le tirai avec vivacité, et me mis à appeler Ursule et Victoire. Cette dernière n'avait garde de me répondre ; pour ma pauvre bonne, malgré la violence de ses douleurs, elle se lève, se traîne jusqu'à la porte de l'escalier, l'ouvre, et crie au secours. M. de Saldone a bientôt passé sa robe de chambre ; il arrive avec une bougie et un pistolet. Je continuais à crier et à me défendre, quand j'aperçus de la lumière. D'Herbain craignant de devenir, en effet, la fable de la maison, cherche à se cacher dans un cabinet près de mon alcove ; mais quelque agile qu'il fût, il ne fut pas assez leste dans ce moment ; Saldone, s'élançant dans la chambre, le saisit par le bras, et le force à y rester. Quel est son étonnement lorsqu'il reconnaît d'Herbain ! Que vois-je, dit-il, Monsieur le Chevalier ? ceci passe la galanterie ; faire sa cour à une femme qui y consent, rien de mieux ; mais ne pas respecter l'asile de l'innocence.... — M. Saldone, on sait que vous êtes un grand moraliste ; mais mêlez vous de vos affaires. Ursule toute tremblante, disait à Saldone : Ah ! Monsieur, quelle obligation nous vous avons ! Je lui marquais aussi ma reconnaissance, et d'Herbain ne savait trop comment se tirer d'affaire. Je lui demandai du ton le plus absolu d'avouer quelle était la personne qui l'avait introduit chez moi. — C'est Victoire, dit-il, dix louis l'ont attendrie en ma faveur. — Voilà tout ce que je voulais savoir, lui répondis-je ; vous pouvez maintenant sortir ; il paraît que cette incartade ne sera connue que de M. de Saldone : les autres locataires sont absens, ou profondément endormis; M. de Saldone aura la bonté de descendre avec vous, pour que la portière croie que c'est chez lui que vous avez passé la soirée. Je ne demande pas mieux, dit Saldone ; et d'Herbain, assez confus d'avoir manqué son coup, sortit de mon appartement avec mon original, mais digne voisin. Au même moment, on entend s'arrêter une voiture ; le marteau de la porte retentit, on ouvre, on monte ; c'est la Marquise qui arrive de Saint-Cloud. Pendant ce temps, M. de Saldone éclairait Ludovic ; ils arrivent au premier étage comme Amélie le montait.—C'est vous, Chevalier ?— J'étais venu, dit-il, savoir de vos nouvelles ; ne vous trouvant pas, je suis monté chez le bon M. de Saldone ; le charme de sa conversation m'a fait oublier l'heure, et j'en rends grâces au Ciel, puisque j'ai le bonheur de vous voir. — Votre très-humble serviteur, dit Saldone en remontant très-promptement chez lui. — C'est charmant, répondit Amélie, c'est charmant!—Oui, reprit d'Herbain, c'est charmant.... Et il entra avec la Marquise. Je n'ai pas su, ni voulu savoir combien de temps il resta chez elle.

Mon voisin, craignant que la frayeur que j'avais éprouvée ne m'eût fait mal, vint à la porte savoir si nous n'avions besoin de rien : nous lui réitérâmes nos remerciemens ; il nous conta, en deux mots, la plaisante rencontre qu'il venait de faire ; et se retira.

Ursule ne se possédait pas de colère; la révolution qu'elle avait éprouvée avait déplacé sa goutte; elle se tenait debout; elle voulait que je chassasse Victoire sur-le-champ. Je lui fis comprendre, avec beaucoup de peine, qu'un éclat, même lorsqu'on n'en est pas cause, était toujours défavorable à une femme, et qu'il serait toujours temps, le matin, de renvoyer Victoire. Ursule ne voulut point quitter ma chambre, et passa la nuit dans une bergère, après avoir fermé la porte à double tour, disant qu'une aussi infâme créature était capable de tout : maxime qui n'est point vraie; ces âmes viles commettent rarement les crimes qui conduisent à l'échafaud.

CHAPITRE XXV.

J'étais fort curieuse de savoir comment d'Herbain se conduirait avec moi. Je descendis le soir, comme j'avais coutume ; je trouvai d'Herbain assis auprès d'Amélie de l'air le plus familier, et paraissant tout occupé de son bonheur. La Marquise était triomphante ; et en vérité, je n'avais pas envie de lui disputer sa conquête, dont elle avait peu de temps à jouir. Depuis ce jour Ludovic, renonçant au projet de me séduire, ne s'occupa plus que de son avancement. On se rappelle qu'Amélie avait de rares talens en ce genre, malgré ce qu'en avait dit d'Orsonville. Elle les employait également pour son mari et pour son bien-aimé. Tous deux en étaient reconnaissans, et d'Herbain cherchait à l'enflammer de plus en plus, pour qu'elle mît, dans ses sollicitations, un zèle infini. La Marquise, à son tour, l'enchaînait auprès d'elle, par l'espoir qu'elle réussirait à lui faire obtenir un régiment, dont il avait besoin pour épouser une riche héritière, projet qu'il cachait soigneusement à sa belle. Celle-ci se compromettait de plus en plus, et je commençais à craindre que la société habituelle de cette femme, ne fût très-désavantageuse à ma réputation; cependant, il est convenu dans le monde, qu'on n'a pas le droit de trouver mauvais ce qui est trouvé bon par un mari; et tantque la Marquise paraissait dans le monde avec son époux, on pouvait la regarder comme une femme de mauvaises mœurs : mais non de mauvaise compagnie. Théophile, connaissait cette opinion bizarre ; aussi, voulant perdre Amélie, il ne chercha qu'à amener une rupture éclatante entre elle et son mari.

Le général Valsery devait donner un grand bal en habits de caractères ; on pense bien que nous fûmes des premières invitées. Notre liaison, entre Rosalie et moi, avait la vivacité de l'amitié ; et, cependant, je ne m'étais point rapprochée de mon tuteur ni de sa femme, qui empêchait M. Gendron de faire les premiers pas, et j'étais résolue à l'attendre ; mais, comme je l'ai dit, cela ne nuisait en rien à notre réunion avec sa fille, parce que M. de Valsery, dès les premiers jours de son mariage, avait eu une discussion d'intérêt relative à la terre de l'Hurtois, avec son beau-père; ce qui les avait brouillés au point que, depuis plus de quatre mois, on ne se voyait plus.

Pour en revenir au bal, dès que Théophile sut qu'il devait avoir lieu, il dressa ses infernales batteries, et voulut que là où Amélie se promettait tant de plaisir, elle ne recueillît que honte et douleur. Il écrivit une lettre anonyme au mari, une à la femme, dont l'effet devait arriver au même but : celui de perdre madame de Longueval. Les voici l'une et l'autre :

Billet anonyme à la marquise de Longueval.

« Quand tu crois posséder le cœur de ton Ludovic, tu ignores qu'il adore la jolie Ernestine, dont il n'a pu vaincre encore les rigueurs ; mais c'est au bal du général Valsery, que la vertu de cette petite bourgeoise expirera. Je t'en préviens, et si tu doutes que ton amant soit infidèle, interroge une certaine Victoire, qu'il avait placée, comme femme de chambre, chez ta jolie amie; elle demeure rue de la Bibliothèque, n°. 5; pour quelques louis, elle te dira tout.

» Ton plus sincère ami. »

Billet anonyme adressé à M. le marquis de Longueval.

« Un de vos meilleurs amis, ne pouvant supporter qu'un aussi galant homme que vous, mon cher, soit la dupe de sa femme, et de celui qui se dit son ami, vous avertit de leur criminelle liaison, qui est connue de tout Paris; vous seul ne vous en doutez pas. Mais, refusez d'aller au bal du général Valsery ; laissez partir votre femme avec la folle Ernestine; prenez un déguisement qui dépayse entièrement votre coupable épouse ; suivez-la ; et je vous assure que le bal ne sera pas fini, que vous aurez la certitude de votre opprobre.

» Vous me connaîtrez un jour. »

Les deux traits portèrent des coups certains; la jalousie la plus envenimée tourmenta ces malheureux époux, et je me trouvai compromise sans le savoir. Amélie commença par se rendre chez Victoire. Malgré le dégoût que devait lui causer l'habitation de cette malheureuse, elle monta les degrés qui conduisaient à un galetas, et trouva cette fille couverte de haillons et mourant de faim, parce que l'argent que d'Herbain lui avait donné et celui de ses gages, avait été volé le jour même. Celle-ci eut à peine la force de se lever, et ne savait où faire asseoir la Marquise, qu'elle reconnaissait pour l'avoir vue chez moi, et parce qu'elle avait été femme de chambre d'une sœur de d'Herbain, avec laquelle la Marquise avait été très-liée; mais qu'elle ne voyait plus, parce qu'elle lui avait enlevé ce même Théophile, dont elle avait dédaigné, depuis, la conquête, et qui s'en vengeait si cruellement.—Ma chère Victoire, lui dit Amélie, je reçois ce billet qui n'est pas signé; mais qui, cependant, m'a paru mériter que je ne négligeasse pas l'avis qu'il contient. Je me suis liée très-étourdiment avec une petite personne que je croyais fort sage; on m'assure qu'elle est la maîtresse de M. d'Herbain, et que le bal du général Valsery, est le rendez-vous où elle abandonnera tout principe de pudeur : vous pensez à quel point cela me compromettrait. Pour preuve de la vérité de cette accusation, on me renvoie à vous qui, dit-on, aviez su quelque chose de cette intrigue. — Ah! mon Dieu! Madame, personne ne la sait mieux que moi; et elle lui raconta, sans vergogne, ce qu'elle avait fait pour me perdre. Ce bon M. d'Herbain n'en a pas été mieux traité, les dix louis qu'il ma donnés ne lui ont pas plus profité qu'à moi, qui ai tout perdu. La petite a crié, sonné et fait un tel vacarme, que M. de Saldone est arrivé. — Le traître! il m'avait dit qu'il avait passé la soirée chez le philosophe. — Oh! je vous assure, Madame, que cela n'est pas; car je l'ai enfermé, dès neuf heures, dans une grande armoire, placée dans la chambre de Mademoiselle. — Ah! il n'est que trop vrai que le perfide m'a trahie! je m'en vengerai. Tirant sa bourse, elle donna quelque argent à Victoire, en l'engageant à se mieux conduire qu'elle ne le faisait; elle prit avec elle le ton imposant que donne une vertu sans tache. Baissant son voile, elle redescendit l'escalier, et sortit de cette maison où, sans le désir de connaître jusqu'à quel point on la trompait, elle ne serait jamais entrée. Elle revint chez elle la rage dans le cœur; celui de son époux n'était pas plus tranquille, et elle était loin de s'en douter. D'Herbain vint selon sa coutume; elle dissimula, et le reçut avec le même plaisir, au moins en apparence. Son époux n'avait jamais paru plus empressé. Je crus bien voir à la Marquise quelque chose de contraint avec moi; mais je l'attribuais à la préoccupation que, selon moi, devait lui donner le choix des caractères pour le bal. Une galanterie de Rosalie nous débarrassa de la peine de nous en occuper. Nous en reçûmes, l'une et l'autre, un magnifique habit de Sultane, et elle nous faisait dire quelle en aurait un pareil. J'essayai le mien ; le Marquis me dit que j'étais une vraie Roxane : je crus remarquer du dépit dans les traits de la Marquise ; mais je n'eus pas l'air de m'en apercevoir.

Enfin, le jour du bal arriva. Le Marquis dit qu'il ne s'y rendrait point; qu'il avait, grâce à la malignité, assez de ridicules sans avoir celui de paraître sous un costume bizarre. Sa femme, qui ne cherchait jamais les moyens de se rapprocher de lui, n'insista pas. D'Herbain et Théophile devaient nous donner la main. On fit de la musique jusqu'à minuit; nous montâmes alors en voiture et nous

nous rendîmes à l'hôtel de la comtesse de Valsery. Il y avait une grande différence de l'étude du beau-père au palais du gendre : tous les appartemens étaient éclairés en bougies, et celles-ci étaient en telle quantité, que le jour est moins brillant que ne l'était l'hôtel de Valsery. On voyait partout un grand nombre de gens de livrée; enfin, tout annonçait la magnificence. Le buffet le plus somptueux réunissait les productions des deux mondes. Mais qui pourra peindre la beauté du spectacle que présentait la galerie où on dansait ; toutes les femmes étaient en habit de caractère d'une élégance et d'une recherche surprenantes. Il y eut un léger murmure d'approbation quand nous entrâmes ; était-ce à la beauté régulière, mais depuis long-temps connue, de la Marquise, ou à la nouveauté de ma personne, que ces suffrages étaient adressés? je n'en sais rien. Rosalie vint à nous avec beaucoup de grâce; elle paraissait enivrée du faste qui l'environnait, et cependant il faut convenir qu'elle faisait les honneurs de sa fête avec beaucoup d'aisance et de politesse. Les invitations avaient été si nombreuses, que bientôt cette réunion brillante devint une vraie confusion; c'était là où la jalouse Marquise nous attendait, persuadée que nous profiterions, d'Herbain et moi, de la foule pour quitter la galerie; et elle s'apprêtait à nous suivre. Pour moi, fort peu occupée d'elle, encore moins de Ludovic, je causais avec Théophile, quand une petite figure complètement masquée s'approche de moi, contrefaisant si parfaitement sa voix, que je ne pus croire l'avoir jamais entendue, et me dit que, si je veux faire le tour de la galerie, on me fera voir quelque chose d'assez bizarre. Je me levai, et donnant le bras à Théophile, nous nous éloignâmes de la Marquise, qui, se voyant seule avec l'objet de sa fatale passion, oublia les sujets de plaintes qu'elle avait contre lui, ou plutôt voulant les lui reprocher, l'engagea à entrer dans un cabinet où un jour moins brillant et un sofa semblaient disposés pour une tendre explication. L'homme masqué nous quitta, et je ne sus ce qu'il était devenu. Dans cet instant j'aperçus Saint-Elme en Endymion; le cœur me battit; je me reprochai de m'être éloignée de la Marquise. Saint-Elme me trouvait donnant le bras à un jeune homme; il pouvait croire.... enfin, je ne sais ce qu'il pensa. Il me salua, et je crois qu'il allait me joindre, quand un grand bruit, qui attira l'attention de tout le bal, se fait entendre à l'autre extrémité de la galerie; on s'y porta en foule. Saint-Elme ayant entendu prononcer le nom de d'Herbain, y vola; j'engageai Théophile à me ramener de ce côté, car je pensai aussitôt qu'Amélie se trouvait compromise, et je croyais lui devoir mes soins. Nous sûmes bientôt que c'était le marquis de Longueval, qui avait surpris Ludovic aux genoux de sa femme, et qu'il voulait forcer celui-ci à se battre sur-le-champ. Saint-Elme voyant la position fâcheuse dans laquelle se trouvait son ami se presenta pour son second. La Marquise était évanouie, ou faisait semblant de l'être. Le général au désespoir d'une semblable scène, pérorait le mari, qui finit par dire à d'Herbain, qu'il serait chez lui le lendemain à sept heures du matin. Il fait emporter son infidèle par ses gens ; il monte avec elle dans sa voiture, et me laisse au milieu du tumulte que cet accident avait causé.

Rosalie, troublée au dernier point de cet événement, ne pensait pas à moi, et j'allais la chercher pour la prier de me faire ramener chez moi, car j'avais infiniment de désir d'échapper à d'Herbain, qui ne sortait point de la galerie, et je tremblais qu'il ne vînt de mon côté. Quant à Théophile, je n'ai jamais su ce qu'il devint, et je le cherchais inutilement lorsque Saint-Elme m'aborda. J'étais très-émue et prête à me trouver mal ; Saint-Elme, qui s'en aperçut, me fit asseoir sur une banquette, se plaça près de moi, et s'offrit de m'envoyer chercher une voiture ; car, dit-il, votre nom circule dans la salle ; ce sont des calomnies, j'en suis sûr; mais c'est trop : on prétend que c'est un accès de jalousie contre vous; on dit que vous lui avez enlevé le chevalier d'Herbain! et que c'est la cause de tout le désordre. — Moi, aimer M. d'Herbain! m'écriai-je avec vivacité; il sait bien le contraire. — Je le sais aussi, reprit Saint-Elme; mais il reste dans le bal après cet esclandre, et je crois que vous ferez bien de vous retirer chez vous. Je ne demandais pas mieux. Il sortit un instant pour donner des ordres; et vint me rejoindre. Profitant de la liberté qu'il avait de me parler seul à seul, il me dit : Me permettrez-vous, Mademoiselle, de vous donner un conseil? — J'écouterai toujours les vôtres avec un sensible plaisir. Il reprit : Il n'est point dans mon caractère de chercher à nuire; je n'ai aucun sujet de me plaindre de madame de Longueval ; mais je ne puis vous voir dans sa société sans un véritable chagrin. — Mais comment rompre avec elle? — Je sais que cela est difficile, surtout si cette aventure la rend aussi malheureuse qu'elle mérite de l'être ; il n'y aurait qu'un moyen qui pût amener cette rupture, sans qu'elle se doutât du motif : il faudrait vous absenter ; à votre retour elle ne se souviendra plus que vous avez été *sa plus chère amie ;* car chez elle, il ne peut y avoir aucun sentiment constant. J'assurai M. de Saint-Elme que je suivrais son conseil, et en vérité, je ne pouvais concevoir d'où venait ma docilité aux avis d'un homme qui m'était étranger, moi qui avais constamment rejeté tous ceux de mademoiselle Planier et de madame Gendron. Si j'étais descendue dans le fond de mon cœur, j'en aurais bien trouvé la raison ; mais je m'en gardais bien : c'eût été pour moi un trop grand sujet d'inquiétude. J'espère, Madame, que vous voyez assez avec quel soin j'évitais de m'alarmer. — Ah! rien n'est plus prouvé ; mais que devîntes-vous avec votre grave mentor, seule au milieu du bal? — J'en sortis, grâce à ce cher mentor. On vint lui dire que la voiture l'attendait. Rosalie, comme je l'ai dit, me croyait partie avec la Marquise, et j'aimais mieux ne la pas détromper. J'acceptai le bras de Saint-Elme. Il me conduisit à la voiture, ne me proposa pas seulement d'y monter avec moi ; ordonna au cocher d'aller au pas. S'étant enveloppé dans son garrik, il eut la constance de suivre à pied ; lorsque la voiture fut arrivée à la porte, et avant que le cocher se fût fait ouvrir, il vint à la portière, me supplia de ne pas oublier ce qu'il m'avait dit, et s'éloigna précipitamment.

Une conduite si délicate faisait sur moi une bien vive impression, et je ne pouvais concevoir comment ayant pour moi une si sincère amitié, il ne désirait point de me voir plus souvent, laissant toujours au hasard le soin d'amener des rencontres, fort utiles pour moi, mais dont il semblait n'attendre aucune reconnaissance. Je faisais toutes ces réflexions pendant que l'on réveillait avec beaucoup de peine madame Topin, qui venait de se coucher. Croyant que j'étais rentrée avec la Marquise; elle fut fort surprise de me voir absolument seule, en habit de bal. Je ne m'amusai pas à lui en expliquer la raison ; et je pensai, alors, qu'Ursule était sûrement dans de bien plus vives alarmes que la portière. J'entendis, en montant, qu'on n'était pas encore couché chez Amélie, et qu'on parlait très-haut. Je passai, bien décidée à ne point me mêler dans toute cette aventure ; mais malheureusement je n'y avais que trop de part. Je trouvai, comme je l'imaginais bien, ma pauvre bonne dans un désespoir difficile à dépeindre. — Mais qu'étiez-vous donc devenue ? voilà près d'une heure que l'on a rapporté ici votre chère Marquise, dans un état affreux ; comment ne l'avez-vous pas suivie ? — Je ne l'ai pu ; séparée d'elle par une foule dont on n'a point d'idée, au moment où elle s'était fait emporter, je n'ai pu la rejoindre ; je suis restée absolument seule, au milieu du bal, et sans M. de Saint-Elme, j'aurais été bien embarrassée. — Je lui racontai de quelle manière il s'était conduit. — Quel homme! il est le seul de son espèce; pourquoi n'a-t-il pas de fortune! — Parce que je dois conserver ma liberté, qui me console de tout. Je me sentais fatiguée; il était près de deux heures du matin, je me couchai et m'endormis sans penser ni à M. et madame de Longueval, ni à d'Herbain, ni à Théophile, ni au général, ni à sa femme. — Et pas même à Saint-Elme? — Un peu; mais si vaguement... — Vous ne dites pas la vérité? — Si vous le voulez, j'y pensais, mais sans que son image troublât mon sommeil.

CHAPITRE XXVI.

On se rappelle que j'avais entendu parler très-haut dans la chambre de la Marquise, et voilà ce que j'appris de cette scène bizarre ; je dirai bientôt qui m'en instruisit. Persuader à un mari qu'il n'a pas vu ce qu'il *a vu de ses deux yeux*, c'eût été pour toute autre que la Marquise une chose impossible, ce ne fut pour elle qu'un jeu d'enfant ; mais se servir de ce qui devait la perdre pour se venger de moi, qui ne l'avais en rien offensée, voilà en vérité ce qui tenait à un fond de scélératesse dont je ne l'aurais pas crue capable.

On l'a vue évanouie; elle se laisse tranquillement porter sur les degrés et poser sur le lit conjugal, dont l'honnête mari, qui vient de faire le plus affreux scandale par la scène du cabinet, se rapproche, éprouvant les plus vives inquiétudes sur l'état de sa perfide compagne. Tout-à-coup elle sort de sa léthargie, jette des cris comme une énergumène, s'arrache les cheveux, se tord les bras, repousse avec fureur son bénigne époux, l'appelle jaloux, visionnaire, barbare, qui ne respecte pas même les jours de l'être innocent qu'elle porte dans son sein, pleure, s'évanouit encore, revient dans un état de délire, me nomme, nomme d'Herbain, s'écrie qu'il est bien malheureux pour elle que l'excès de sa délicatesse soit cause d'une scène pareille : si j'avais, dit-elle, moins tenu à ma réputation, qui est toujours entachée par les fautes des femmes avec qui je me vois liée, serais-je entrée dans le fatal cabinet pour en ramener Ernestine, qui y avait passé avec M. d'Herbain..... Qu'ai-je dit ? je trahis mon secret... — Vous le devez, Madame, au nom de l'honneur; car s'il était vrai que vous n'eussiez été trouver ces amans imprudens que pour les avertir qu'ils se perdaient, vous ne seriez point coupable, et je n'aurais point de réparation à demander à mon meilleur ami ; mais qui me prouvera la vérité ? — Je ne l'entreprendrai point ; je mourrai, et avec moi le fruit de vos jalouses amours ! Oui, je mourrai, je sens que je ne survivrai point à la perte de votre estime; je mourrai! et ses beaux yeux se fermèrent. Léopold, au désespoir, la serre contre son cœur. Oh! chère âme, prouvemoi que tu n'es pas coupable, et je te devrai plus que la vie. — Si vous aviez, dit la Marquise du ton de voix le plus doux, la certitude que M. d'Herbain est le mieux du monde avec Ernestine, vous pourriez, je l'espère, croire que, les ayant surpris, la jeune personne s'est aussitôt échappée à mes regards. D'Herbain s'était jeté à mes pieds pour me supplier de ne pas perdre son amie ; et voilà ce qu'il me demandait avec tant d'instance quand vous êtes entré. — Mais comment saurais-je que d'Herbain est l'amant favorisé d'Ernestine, lorsque je n'ai remarqué nulle intelligence entre eux ? — Comment ? en envoyant sur-le-champ chez Victoire, l'ancienne femme de chambre de madame de Montouri, que son frère avait placée auprès de sa maîtresse ; elle demeure rue de la Bibliothèque, nº. 5. Ces explications., ces évanouissemens avaient tenu beaucoup de temps, il était presque jour ; aucuns des gens ne s'étaient couchés, car tous étaient curieux de savoir comment cette aventure finirait. On en fit partir un qui, une demi-heure après, ramena le faux témoin. La Marquise s'était levée, et avait posé négligemment une assez grosse bourse pleine d'or sur la cheminée. Les yeux de la misérable Victoire s'y portèrent, et par un signe, que le Marquis ne put voir, Amélie fit entendre à cette fille que la bourse était pour elle, si elle la servait suivant ses désirs. Alors commença l'interrogatoire que Léopold fit subir à Victoire, et à tout, celle-ci répondait : Oui, je le jure, avec un air de si bonne foi, qu'un plus fin y eût été trompé. La dernière question se trouva la plus difficile à résoudre ; Amélie aurait dû trembler, mais son heureuse étoile suggéra à Victoire précisément ce qu'il fallait dire. Interrogée pourquoi elle n'était pas restée chez moi, elle répondit sans hésiter : Parce que la vieille, qui avait surpris les amans, sachant que c'était moi qui avais introduit M. le Chevalier, avait exigé que sa maîtresse, qui était la mienne, me renvoyât sur-le-champ. — Je ne le lui fais pas dire, reprit la Marquise. — Je vois, dit Léopold, que je suis bien coupable de vous avoir accusée si légèrement, et je réparerai mon tort envers vous et mon ami. Amélie prit la bourse, la mit dans les mains de Victoire sans que son mari s'en aperçût, et fit signe à cette fille de se retirer, en lui faisant une grave morale sur sa conduite avec moi, qu'elle avait, dit-elle, apprise par sa femme de chambre, et qui l'avait empêchée de se mêler de la placer. Victoire, bien contente de sa bonne fortune, se retira sans prendre garde à un sermon, dont le prédicateur rendait la morale peu respectable.

Le Marquis, content au moins et plus que Sganarelle, car il n'avait pas été battu, se raccommoda complètement avec sa chère moitié, et convint avec elle qu'il irait faire des excuses à d'Herbain, et l'engager à ne rien changer à ses relations avec eux. Il le fit comme il l'avait dit; mais le public, moins incrédule que lui, ne vit dans toute cette affaire qu'une ruse abominable de la part d'Amélie; et malgré le désir qu'elle avait de me perdre, désir que d'Herbain partageait, car il avait passé, comme il arrive souvent, de l'amour à la haine, elle n'y réussit pas. C'est M. de Saldone qui me rapporta, mot pour mot, ce que je viens de décrire; il le tenait de Saint-Elme, qui avait reçu ces détails du chevalier d'Herbain. Mon singulier voisin réitéra le conseil que son jeune ami m'avait donné, et dont l'exécution n'était pas tout-à-fait si facile qu'on pourrait se l'imaginer. Pour avoir le temps de réfléchir au parti que je prendrais, je feignis, d'accord avec Ursule, que j'étais malade, et ne descendis pas chez Amélie. Elle en avait fait autant pour laisser oublier l'aventure du bal. Ainsi, nous fûmes trois jours sans nous voir, et pendant ces trois jours je ne sortis pas, ce qui me parut bien long. Vous verrez dans le chapitre suivant quel fut le sujet de mes méditations.

CHAPITRE XXVII.

LA pensée que l'on parlait de moi dans Paris, et sans doute défavorablement, me fit croire qu'en effet je ferais fort bien de le quitter pour quelque temps; mais il me fallait pour cela de l'argent, et je n'en avais pas. Je fis part à Ursule, et de mon projet, et du besoin que j'avais d'argent. Il est bien facile, me dit mademoiselle Planier, de vous en procurer; il faut commencer par demander à votre tuteur de vous faire une avance de cent louis pour un voyage indispensable à votre santé : s'il y consent, tant mieux, vous n'aurez point à craindre les usuriers; s'il n'y consent pas, je vous les ferai trouver à un pour cent par mois, payables en quatre ans. Je la laissai faire comme elle l'entendait. J'étais d'autant plus sûre de son zèle que je lui avais dit qu'elle viendrait avec moi. Je lui donnai une lettre pour M. Gendron, où je rappelais à mon tuteur l'ancienne amitié de nos familles ; j'ajoutais qu'ayant un besoin extrême de changer d'air, il me fallait cent louis pour voyager, et que je les lui demandais pour quatre ans. M. Gendron trouva que ma proposition n'avait pas le sens commun, et dit à Ursule qu'il ne m'avancerait pas cent francs. — Eh bien ! Monsieur, reprit Ursule, elle en trouvera ailleurs. Elle alla, en sortant de chez lui, chez un receveur de rentes qui, ayant pris connaissance de mon contrat, consentit à me prêter deux mille quatre cents francs pour mille écus, payables en quatre années, époque où j'aurais atteint, depuis plus d'un an, ma majorité. Ainsi, je réduisais mon faible revenu d'un quart, ce qui nécessitait une grande réforme dans ma dépense lorsque je serais de retour; mais à chaque jour suffit son mal. J'avais envie de voyager : cette opération m'en donnait le moyen; donc elle était bonne. Je ne tardai point à mettre mon projet à exécution. Je signai des quittances pour que celui qui me prêtait cet argent pût recevoir en mon absence, que je ne comptais cependant pas devoir être fort longue. L'honnête fripon me compta mon or, et il ne me restait plus que de savoir où je porterais mes pas. Pendant que ma vieille amie préparait tout ce que nous devions emporter, je m'enfermai dans mon boudoir; là, devant une table où j'avais placé des cartes de différens pays, je jetais les yeux sur celle des îles Britanniques. Je me dis : *Où irais-je ? A Londres ; et voilà mon voyage décidé.* Mais comme ma volonté malheureusement ne se trouvait pas d'accord avec les lois existantes, et que pour me rendre en Angleterre il fallait que j'allasse à Hambourg, je me dis : N'importe, je verrai plus de pays. Ursule aurait bien mieux aimé que j'eusse été à Dax pour y revoir ses anciens amis ; elle prétendait que mes parens me recevraient avec plaisir. — Cela est possible ; mais comme j'en aurais fort peu de faire connaissance avec eux, je ne dépenserai sûrement pas mon argent pour aller m'ennuyer dans une petite ville de province, où je n'ai que des parens fort éloignés. Mon grand-père paternel était mort peu de temps après le mariage de son fils, et sûrement M. de Mensi avait eu le même sort dans son émigration.

Je fis prier M. de Saldone de venir me voir, ayant quelque chose d'important à lui communiquer. Il arriva avec son petit garçon qui, depuis quelques semaines, s'était accoutumé à venir chez moi ; c'était vraiment un bon petit enfant, et que son père élevait fort bien. — Que me voulez-vous, ma belle voisine ? me dit en entrant mon philosophe. — Vous demander de me faire avoir un passeport pour Hambourg, où je compte me rendre incessamment. — Malgré le regret que j'aurai de vous voir partir, j'approuve fort que vous vous éloigniez d'une société si peu convenable pour vous ; et je vous assure que Saint-Elme l'apprendra avec un grand plaisir. — C'est un jeune homme bien singulier que ce M. de

Saint-Elme : comment prend-t-on tant d'intérêt à une femme, et ne cherche-t-on aucun moyen de la voir ? — Il a fort peu de temps à lui, et presque tout celui que son service lui laisse, il le passe à Vitry chez sa sœur, femme extrêmement aimable, et à qui je ne connais d'autres défauts, que d'être pauvre et malade. — Ce sont deux très-mauvaises qualités. — Qui ne dépendent pas d'elle. — C'est encore pis ; elle ne s'en corrigera pas, et il faut convenir que cela fait une société bien peu amusante pour un jeune homme. — Ah ! Saint-Elme est si sensé, si raisonnable et surtout si sensible ! Vous penseriez comme lui si vous étiez mariée à un homme d'une constitution faible, sujet à des maladies ou des infirmités ; car il faudrait bien......— D'abord je ne me marierai point ; et si enfin, je faisais cette folie, j'aurais grand soin de m'informer si mon prétendu est d'une excellente santé ; car pour rien au monde, je ne voudrais être garde-malade. — Saint-Elme ne pense pas de même ; il donne à sa sœur les soins les plus touchans. — Il faut convenir que si jamais, ce qui ne sera sûrement pas, nous étions réunis, nous offririons bien les *Contrastes* de Bernardin de Saint-Pierre, du moins au moral : il est la prudence même, et moi l'étourderie en personne ; c'est un héros de sensibilité, moi je hais toute impression douloureuse ; il est mélancolique, je ris de tout. — Eh! voilà, ma chère voisine, ce qui fait que mon ami, étant bien persuadé qu'il ne peut vous plaire, redoute de prendre dans vos yeux un poison dont il ne pourrait espérer que l'hymen fût pour lui l'antidote.—Est-ce bien là sa raison ? Je parie qu'il en a d'autres ; mais vous êtes trop galant pour me le dire.—Faites votre voyage; au retour nous reprendrons cette conversation. M. de Saldone se chargea de m'avoir un passeport, d'arrêter deux places à la diligence, et me quitta. J'embrassai son fils, qui était beau, bien élevé, docile et heureux; ainsi le système de son père n'était pas mauvais. Cependant, il serait fort malheureux que tous les hommes le suivissent ; car, alors, il n'y aurait plus de familles. Le bon Saldone le sentit lui-même, comme nous le dirons plus tard.

Avant de quitter Paris, j'écrivis à M. Gendron et à sa fille : le premier ne me répondit pas ; l'autre m'exprima ses regrets de ne pouvoir m'aller dire adieu, alléguant que son mari s'y opposait. Je haussai les épaules, et me dis : Quand elle se compromettait pour d'Orsonville, je ne me suis pas éloignée d'elle. Quelle y prenne garde : pruderie et mauvaise conduite sont souvent réunies.

M. de Saldone m'accompagna à la diligence, je n'en étais pas fâchée ; il avait quelque chose d'imposant dans la physionomie qui devait donner bonne opinion de la personne à qui il paraissait prendre quelque intérêt. Je ne vous répéterai pas des scènes de diligence, qui se ressemblent toutes ; d'ailleurs ceux qui voyageaient avec nous étaient presque tous des Allemands, dont je n'entendais point la langue. Arrivée à Francfort, je pris une autre voiture qui nous conduisit à Hambourg, car je ne voulais m'arrêter dans aucune ville jusqu'à ce que je fusse rendue à Londres. Le vaisseau neutre qui nous porta *en Al-*

bion était assez incommode, et la mer me faisait extrêmement souffrir. Je restai couchée pendant toute la traversée; elle fut fort heureuse, ce qui nuit à la variété de mon récit. Une tempête, un combat, un calme, une trombe, que tout cela eût produit un bel effet dans mes Mémoires! mais j'en suis fâchée, Madame, je ne puis égayer mon récit par ces jolies horreurs. Parties de Hambourg, nous voguâmes le plus majestueusement du monde jusqu'à Plymouth, ou le débarquement s'opéra avec une parfaite tranquillité, par la raison que nous étions alliés de la Grande-Bretagne; seulement on examina avec une excessive sévérité si nous n'entrions pas des marchandises françaises, neuves s'entend; comme nous n'en avions qu'à notre usage, on nous les laissa. Nous prîmes une voiture et nous nous rendîmes à Londres.

J'avais toujours entendu dire à mon père qu'il n'en coûtait pas plus dans la meilleure auberge que dans un misérable cabaret. Je demandai à un de ces hommes qui, dans toutes les capitales, sont toujours prêts à rendre service aux étrangers *pour leur bien*, de nous conduire dans le meilleur hôtel garni de Londres ; et aussitôt il amena de ses camarades, qui se chargèrent de nos malles, de ma harpe, que j'apportais avec moi pour plus d'économie ; de mes cartons à chapeau, enfin, de tout ce que la toilette entraîne d'embarrassant : nous suivons nos guides, et nous voilà à la porte du célèbre hôtel de Saint-Pétersbourg. L'hôte, grand homme blond, au teint vermeil, grave comme un ambassadeur, vint à moi, me parla mauvais français; je ne l'entendis guère, je lui répondis en anglais; il rit de ce rire moqueur qui est si familier à sa nation; mais cependant il comprit que je demandais chez lui une chambre, un cabinet et deux lits. Il me fit conduire par une jolie servante, mise à merveille, au troisième étage, dans une chambre de la plus grande simplicité et d'une propreté recherchée. On me demanda si je voulais souper; on me présenta la carte, mais sans aucun prix. Je choisis, comme ce qui devait être le meilleur marché, un morceau de rosbif et une salade; je fus servie en vaisselle plate et avec du linge d'une rare beauté. Je me mis dans mon lit; je crois que les matelas étaient de laine de Ségovie, les coussins de plume d'édredon; je n'ai jamais été si bien couchée de ma vie, et mon joli lit de Paris n'était, en comparaison de celui que j'avais à l'hôtel de Saint-Pétersbourg, qu'un misérable grabat; les draps étaient de toile de Frise sans couture. Je craignis que cette extrême recherche ne me coûtât quelques guinées de plus; j'en plaisantai avec Ursule. Cependant, une seule chambre au troisième, un souper aussi modeste, ajoutai-je, coûteraient à Paris au plus dix francs, mettons en vingt pour Londres, et ce ne sera pas ce qui me ruinera. Ayant compté ce qui me restait d'argent, je me trouvai encore quarante-cinq louis et une lettre de change de 1000 fr. sur Londres; car j'avais joint mes économies et la vente de quelques objets inutiles à mes cent louis. Je crus donc que je pourrais passer quinze jours ou trois semaines en Angleterre sans inconvénient, et qu'il me resterait assez d'argent pour mon retour. Le déjeuner fut aussi modeste que le souper, et le dîner ne fut pas plus somptueux tout le temps que je restai à Londres. Cependant, je crus nécessaire de prendre un domestique anglais, pour qu'il me servît en même temps de guide. Je ne m'informai pas de ce qu'il voulait gagner : je savais qu'on payait trois francs au meilleur domestique à Paris, lorsqu'il se nourrit et s'habille ; mettons six francs, me dis-je, ce ne peut être plus. Je dis à Ursule: Je compte aller à la comédie, et il faudra bien que tu y viennes avec moi; tu peux d'autant moins me le refuser, que les acteurs ne parlent qu'anglais ; tu ne les entendras pas : donc si la comédie est un mal, tu n'en feras aucun, puisque tu ne sauras pas ce que l'on dit. Ce raisonnement, qui ne valait pas grand'chose, suffit pour persuader Ursule. J'envoyai donc mon valet me chercher deux billets, dont le prix me parut si exorbitant que je crus qu'il me volait; je m'assurai qu'il ne m'avait rien demandé au delà du prix. Le spectacle est bien cher, me dis-je. Nous allâmes prendre nos places; la salle me parut belle. Quand le rideau fut levé, je ne trouvai pas que la scène eût la même majesté que la nôtre; je me promis de juger les acteurs avec sévérité. La dignité théâtrale, qui existe dans toute sa pompe aux Français, me parut bien peu observée, à *Covent-Garden*, par ce peuple qui se vante d'une si haute raison; il me parut fort peu convenable de voir Macbeth, ou le roi Léar, accablé d'oranges ou de pommes cuites, d'entendre apostropher les personnages les plus augustes de la manière la plus indécente, par John Bull, comme ne se le permettrait pas la plus vile populace de nos plus sales faubourg dans nos moindres spectacles. Cependant je ne pus m'empêcher de rendre justice à des morceaux d'une grande beauté, et déclamés avec une énergie ravissante; mais aussi j'étais révoltée d'une trivialité insipide qui fait qu'à chaque instant on se croit tout à coup passé d'un palais à une taverne. Ces défauts, qui nous choquent, enchantent nos voisins, et nous n'avons pas plus de raison de trouver mauvaises leurs monstrueuses productions, qu'eux de regarder comme froids et monotones les touchans regrets de Zaïre, qui, selon eux, devrait se rouler par terre pour exprimer sa douleur d'être obligée de se séparer d'Orosmane. Celui-ci alors ne pourrait plus, à la vérité, lui dire ce mot plein de sentiment et d'expression que Voltaire a mis dans la bouche du Soudan : *Zaïre, vous pleurez ;* mais ce mot est sans aucun mérite pour les Anglais, comme nous ne pourrions jamais supporter la scène des fossoyeurs dans la *Mort de César*. Chaque nation a son caractère, et par conséquent ses goûts qui lui sont propres. Je fus donc beaucoup moins choquée de voir les plus étranges contrastes sur le théâtre de Londres, que je ne le suis quand nos auteurs s'éloignent de la simplicité de la scène grecque, introduisant à la Comédie française l'anglomanie. En tout je crois que les Français qui furent si long-temps loin de leur patrie, doivent avoir revu notre théâtre avec un grand plaisir, ne trouvant que peu d'attraits à ceux de Londres. Je me contentai d'aller une fois à chaque théâtre, excepté à l'Opéra italien; je ne me lassais pas d'entendre les premiers talens d'Italie, qui viennent échanger des sons enchanteurs contre des milliers de guinées. Cette seule dépense fit une assez grande brèche à mon trésor ; car il fallait des chaises à porteurs pour moi et pour Ursule. Nous allions aussi en voiture de louage à Hide-Park et dans les environs de Londres. Je visitai le port, les manufactures. J'allais aux salles de vente, où j'achetais toujours quelques bagatelles quatre fois plus cher qu'à Paris ; mais il fallait bien rapporter quelque chose de mon voyage, et toutes ces misères sont si bien faites en Angleterre! une brosse, des ciseaux, sont de véritables bijoux. J'achetai aussi quelques étoffes, et bientôt je n'eus plus d'autre ressource que ma lettre de change, dont je reçus le montant.

Cependant M. Tom Sidley (ainsi s'appelait le maître de l'hôtel) ne me demandait rien ; et comptant à la française ma dépense, je croyais lui devoir environ trois cent huit francs ; il ne m'en restait que six à sept pour regagner la France. Je pensais à mon départ, lorsque je trouvai à Hide-Park une jeune femme voilée qui s'approcha de moi, et me dit : Vous êtes Française, par conséquent sensible ; daignez venir au secours d'une femme digne de tout votre intérêt, et que je ne puis faire subsister par mon travail, parce que tout ce qui est fait par des Français a peu de valeur dans ce pays, où la dépense est énorme. — Que puis-je faire pour vous, demandai-je assez contrariée qu'on s'adressât à moi dans un moment où il me restait à peine de quoi faire mon voyage. Cependant cette femme avait l'air si triste ! je pensai à Saint-Elme : il ne repousserait pas, me dis-je, cette infortunée, il chercherait à lui être utile ; et je me sentis entraînée à lui rendre service. Madame, répondis-je à l'inconnue, je suis en Angleterre depuis une quinzaine, je n'y serai que fort peu de jours encore ; je n'y connais personne, personne ne m'y connaît ; mais n'importe, j'irai chez votre amie. — Ah ! Mademoiselle, si vous avez cette bonté, venez-y à l'instant même. Ursule n'était pas trop de cet avis ; cependant elle me suivit, car elle ne m'avait pas quittée un moment depuis que j'étais à Londres. L'inconnue me conduit, non dans un grenier, comme je m'y étais attendue, mais dans une maison dont toutes les fenêtres étaient grillées. Quoi! dis-je, est-ce qu'il y a ici des couvens?— Non, mais des prisons. Ce mot me fit frémir, la perte de la liberté m'a toujours parue le plus grand malheur. Celle qui m'avait amenée dans ce triste séjour s'en fit ouvrir les portes en parlant au geolier; et passant devant nous, elle nous conduisit dans un corridor assez obscur, où se trouvaient plusieurs portes; elle frappa doucement à l'une d'elles, se nomma, et on vint ouvrir. — Ah! te voilà, ma chère Pauline; puis m'apercevant, quelle est cette jeune dame?— C'est une Française. J'avais été frappée de l'air de dignité répandu dans toute la personne de l'amie de Pauline; sa pâleur, sa maigreur étaient effrayantes. Pauline tira d'un panier, qu'elle portait au bras, un petit pain de la valeur au plus de ceux que l'on prend avec le café; elle le posa sur la cheminée. Qu'est-ce que cela ! dit la prisonnière; elle n'ajouta rien. J'avais quatre à cinq guinées dans ma bourse, je priai Pauline de les accepter. Que faites-vous, Pauline? reprit la captive; est-ce donc là ce que je vous avais dit? pourquoi ne pas me laisser mourir !

J'avais jusqu'à ce moment ignoré le genre d'émotion que je ressentais; ce n'était point de la joie, c'était un sentiment plus pénétrant. Ne serait-ce pas-là, me disais-je, ce qu'on appelle la sensibilité, dont mon père a toujours voulu me garantir, comme devant faire mon malheur? et cependant il me semble que cette émotion est bien douce; je ne m'étonne pas que Saint-Elme ait autant de plaisir à partager les souffrances de sa sœur, car je me sens entraînée par le désir de soulager celles de ces femmes, qui me sont étrangères. Je m'abandonnai à ce nouveau sentiment, et prenant dans mes mains celles de l'amie de Pauline : Ne m'enviez pas, lui dis-je, Madame, le bonheur d'adoucir le sort d'une de mes compatriotes ; ceci ne doit point blesser votre délicatesse, ce n'est qu'un prêt ; je voudrais qu'il pût servir à recouvrer votre liberté. — Ah ! Madame, c'est bien loin de pouvoir satisfaire mon avare créancier ; je lui dois cent livres sterling. En vain j'ai écrit en France, je n'ai pu obtenir aucune réponse ; cependant j'ai remis dans les mains d'un homme d'affaires une somme vingt fois plus forte que celle-là, et il me laisse en prison, où je périssais de besoin sans vous.—Et quel est cet homme ? — C'est un nommé Théophile Bracelli, je sais qu'il est à Paris; le connaîtriez-vous? — J'ai eu quelques relations avec lui, et je crois que, par un de mes amis, nommé Saldone, nous le forcerons à vous tirer d'ici. Au moment où je nommai M. de Saldone, Pauline avait changé de couleur d'une manière très-sensible. Vous me demanderez comment je m'en aperçus; c'est qu'en entrant dans la chambre de son amie elle avait levé son voile. J'avais été frappée de sa beauté ; elle paraissait avoir vingt-quatre à vingt-cinq ans; sa taille, fort élevée, était parfaite ; elle avait peut-être plus d'embonpoint que nous ne sommes accoutumés à en voir aux femmes qui habitent les villes; il paraissait à l'air de force, de vigueur, de santé de cette belle personne qu'elle avait été élevée à la campagne, et cependant ses manières et son langage avaient toute l'urbanité des villes. Je ne fis pas grande attention à l'altération subite que ses traits éprouvèrent, et qui ne fut que momentanée. Croyez-vous que votre ami veuille se charger de cette commission ? me dit la comtesse d'Ornay (c'était le nom de la prisonnière). Elle était venue à Londres rejoindre son mari pour l'engager à rentrer en France, et était arrivée la veille de sa mort ; il avait des dettes, pour lesquelles elle se porta caution, pensant que Théophile lui enverrait les sommes dont elle avait besoin ; mais celui-ci, aussi fripon qu'immoral, crut que, ne répondant point, et la Comtesse ne pouvant revenir en France, il s'approprierait le dépôt qu'elle lui avait confié, et la laissa languir ainsi dans toutes les horreurs de la misère, dont la perte de la liberté de madame d'Ornay fut le comble. Pauline ne l'abandonna pas un instant, elle travaillait jour et nuit pour elle ; mais il était impossible qu'elle fît les cent livres sterling dont cette dame avait besoin pour sortir de prison, sans compter la somme nécessaire pour revenir en France. Sachant que j'étais Française, que je demeurais à l'hôtel de Saint-Pétersbourg, et remarquant que tout en moi annonçait les manières des femmes riches, elle avait supposé que je devais être en relation avec des habitans de Paris qui, peut-être, voudraient bien s'informer de ce qu'était devenu Théophile ; et c'est là ce qui l'avait déterminée à me parler dans Hyde-Parck. Ce fut avec beaucoup de peine que je déterminai madame d'Ornay à recevoir ce que je me trouvais heureuse de pouvoir lui prêter jusqu'à

7*

ce que je pusse avoir, comme je l'avais dit, réponse de M. de Saldone, à qui je promis d'écrire dès le soir même. Cet événement retarda mon départ, et augmenta le mémoire de Tom Sidley, qui ne m'en faisait pas plus mauvaise mine. Lapierre (c'était le nom de mon valet), ne me demandait pas plus d'argent, et avait aussi un *petit mémoire* ; mais tout ceci ne m'inquiétait pas. Depuis que je connaissais madame d'Ornay, mes journées se consacraient en partie à adoucir ses chagrins, et chose qui me paraissait fort extraordinaire, c'est qu'elles passaient bien plus vite qu'auparavant. Je n'avais plus de ces momens de vide où, avant d'avoir rencontré Pauline, je ne savais que faire; mes talens, si long-temps négligés, reprirent pour moi un nouveau charme. Je fis porter ma harpe dans la prison, et nous faisions de la musique ; car madame d'Ornay était fort bonne musicienne. Pauline avait la voix la plus sonore et la plus juste ; ce n'était pas de celles de nos jolies femmes de Paris, qui, avec ce qu'elles appellent un filet de voix, imaginent qu'elles chantent quand elles forment quelques sons, que l'accompagnement couvre et ne laisse guère plus entendre que l'air ainsi que les paroles, qu'on est convenu, je ne sais pourquoi, de ne pas prononcer; singulier usage, puisqu'alors il est inutile d'en faire. Je repris aussi mes crayons; madame d'Ornay dessinait à ravir, et elle avait donné ce talent à Pauline, qui paraissait être une de ses parentes pauvre, qu'elle s'était plue à former. La jeune femme (car elle était mariée ou veuve), avait profité des bontés de madame d'Orlay au delà de tout ce qu'on peut imaginer, et sa reconnaissance pour sa généreuse amie ne se démentit pas un seul instant. Elle lui avait même offert de se rendre sur le Continent pour y chercher ce Théophile ; mais madame d'Ornay n'y avait pas consenti, parce qu'elle ne pouvait se passer d'elle. Voilà ce que je sus de Pauline, et la position où nous étions ensemble, lorsque la mienne, qui avait été jusque là si agréable, changea tout à coup, et mit mon insouciance à l'épreuve.

CHAPITRE XXVIII.

Il y avait un mois juste que j'étais arrivée à Londres et que j'occupais mon modeste logement dans le magnifique hôtel de Saint-Pétersbourg. A vingt francs par jour, cela devait faire six cents francs. Il ne m'en restait que cinq cents, parce que l'entrée des prisons est toujours dispendieuse. Mais j'avais prié M. de Saldone de toucher pour moi les six cents francs de ma rente; ainsi, je supposais qu'elle servirait à payer ma dépense, et les cinq cents francs restans, à retourner en France, où je pouvais être utile à madame d'Ornay.

Je faisais ces calculs, quand Tom

Sidley entra dans mon cabinet, et remit *à mes grâces,* avec tout le respect possible, la petite note qu'il avait faite avec toute la probité anglaise envers des voisins. J'ouvre le papier ; je jette les yeux sur le total et fais un cri.— Qu'a donc votre noble personne ? Serait-elle mécontente du résultat de ce petit compte ? Impossible de prendre moins : *trente francs* deux lits, ce n'est rien ; *trente francs* le dejeuner ; *trente francs* le dîner ; thé, sucre, vins, chauffage, bougies, *trente francs* ; c'est à peine les déboursés. Trois fois *trente* font quatre-vingt-dix, et *trente* font cent-vingt : trois mille six cents francs. C'est bien au juste. J'ai fait faire le compte par un de vos compatriotes, un pauvre diable d'émigré, que je nourris par charité. C'est lui qui fait mes mémoires, en valeur de francs et centimes, parce que vous n'auriez pas su la proportion de la livre sterling au schelling. Je n'épargne rien pour rendre mes mémoires intelligibles aux honorables étrangers qni me font l'amitié de venir loger dans mon hôtel.

Ce traître d'homme pouvait parler tant qu'il aurait voulu. Je ne savais que lui répondre ; trois mille six cents francs mangés en un mois, le demi-quart de ma fortune. Toute mon insouciance pensa m'abandonner, et comme Tom Sidley voyait que je ne cherchais point d'argent pour le payer, il reprit très-obligeamment : Il me paraît que je viens dans un moment incommode à votre seigneurie. On n'a pas toujours de la monnaie dans sa cassette ; mais comme vous avez sûrement un banquier, donnez-moi un bon de cette somme ; j'irai la recevoir chez lui ; ou bien indiquez-moi dans la journée, l'heure qu'il vous plaira me payer : je dis dans la journée, parce qu'il est d'ordre dans ma maison qu'on n'anticipe pas d'un mois sur l'autre ; ainsi, on ne vous servira pas à déjeuner, que le présent ne soit acquitté. Comme je gardais le silence : Madame voudrait-elle bien me faire l'honneur, reprit Sidley, de me répondre ? — Et que voulez-vous que l'on dise à un fripon comme vous ? s'écria Ursule. — Fripon ! reprit avec un sourire sardonique notre flegmatique anglais. Eh bien ! voilà une manière nouvelle de payer : est-ce à la française ?.... Mais sachez qu'elle ne réussit pas en Angleterre, et que si vous ne payez point, vous recevrez la visite du *constable*, qui vous apprendra que Tom Sidley est un honnête Anglais, qui a plus de probité dans son petit doigt, que des Françaises comme vous, dans tout leur corps; et il sortit. — Mon Dieu, ma bonne, dis-je à Ursule, pourquoi avoir aigri ce méchant par une injure? — Et comment supporter une telle friponnerie ! demander trois mille six cents francs, pour ce qui ne vaut pas six cents francs.—Mais que faire? —Offrez lui vos cinq cents francs.— Je m'en garderai bien ; il les prendrait, ce qui ne l'empêcherait pas de me faire mettre en prison, et nous n'aurions pas un sou pour y vivre. Il faut au moins le temps que j'écrive à Paris pour trouver cette somme, car il faudra bien en sortir d'une manière ou d'une autre. J'avoue que malgré le sang-froid que je conservais, je sentais bien vivement ce contre-temps : aller en prison me paraissait bien triste ; et quoique la société de madame d'Ornay et de Pauline me fût fort agréable, j'avais bien du désir de ne pas être réunie avec elles d'une manière si intime. Cependant je voulais les aller voir, et je faisais ma toilette pour sortir, lorsque je reçus un mandat du juge de paix. Je m'y rendis et plaidai ma cause en anglais, assurant que l'extrême différence des prix de France à ceux d'Angleterre, avait seule été cause que je n'avais pas les fonds nécessaires pour payer ma dépense. Je demandai que le mémoire de M. Tom Sidley fût réglé, et qu'on m'accordât douze jours pour payer; car il me faut, ajoutai-je, ce temps pour écrire à Paris et avoir la réponse. Le juge nomma des experts pour régler le mémoire, et m'accorda les douze jours pour payer. Sidley n'était pas content. Je lui dis que je ne voulais ni manger chez lui, ni y loger. —

Comme vous voudrez ; mais aucuns de vos effets ne sortiront. Je fis faire un inventaire exact de ce qui se trouvait dans mes malles ; heureusement que ma harpe n'était plus chez lui. J'allai me loger dans un gareth (*) d'un faubourg qui n'est pas très-éloigné de la prison où était renfermée madame la comtesse d'Ornay. Je me mis aux pommes de terre, au beurre, à la viande salée et à la bière ; et lorsque l'on veut ce régime à Londres, on n'y vit pas chèrement qu'à Paris. Je bien forcée de le suivre, car au moment où j'allais sortir de chez Sidley, Lapierre

─────────────

(*) Littéralement en français, *grenier;* mais, bien différens des nôtres, les *gareth* sont de jolies mansardes au troisième, meublées proprement, et ne coûtent que 18 francs par mois.

vint réclamer trois cents francs pour son mois. Je ne crus pas devoir m'exposer à un nouveau procès; je donnai à cet homme ce qu'il demandait, et pris tranquillement le chemin de mon faubourg, donnant le bras à Ursule, à qui la colère avait rendu ses douleurs de sciatique. Je la fis coucher en arrivant, et la recommandai aux soins de notre hôtesse, qui était la meilleure femme du monde, et je me rendis à la prison, où, en entrant, je dis à la Comtesse : Vous me voyez sur le point d'être votre compagne. — Que me dites-vous? — Ce qui n'est peut-être que trop vrai. J'ai voulu vous voir avant d'écrire à Paris, pour savoir si vous n'aviez rien à y mander. — Que voulez-vous que je dise de plus que ce que vous avez écrit à M. Saldone. Il n'a point répondu, donc, il ne veut pas se mêler de cette affaire. Mais dites-nous donc ce qui vous donne la crainte de venir dans ce douloureux séjour? — Je vous demande la permission d'écrire d'abord, pour ne pas manquer le courrier : ensuite je vous conterai tout. J'écrivis une longue lettre à M. de Saldone, où, après lui avoir parlé de moi, je lui répétai combien j'attendais avec empressement sa réponse au sujet de madame la comtesse d'Ornay. Pauline se chargea de faire partir la lettre, et de prévenir à la poste de mon changement de domicile. Dès qu'elle fut remontée, je leur racontai ma situation. — Eh quoi ! dit madame d'Ornay, vous avez laissé tous vos effets; comment ferez-vous pour vous en passer ? — Cette robe me suffira jusqu'à ce que je reçoive des nouvelles de Paris. — Je vous porterai du linge, dit Pauline, il m'en reste encore.

J'acceptai, plus pour lui faire plaisir que par nécessité, car je pouvais en acheter pour huit jours. Comme Pauline avait appris qu'Ursule était dans son lit, elle alla lui tenir compagnie, pendant que je restai avec madame d'Ornay; de sorte que je fus seule avec cette dernière. Elle me parla de cette belle et aimable femme en termes fort touchans. — Vous n'avez pas d'idée, me disait-elle, du courage et de la patience de cette intéressante créature. Subjuguée par la passion la plus ardente, elle a souffert dans toutes ses affections. Elle a été trahie, abandonnée, et jamais la moindre plainte n'échappe de ses lèvres contre l'auteur de ses maux. — Est-elle mariée ? — C'est son secret, il ne m'appartient pas de le révéler; peut-être un jour vous le confiera-t-elle; j'en suis même persuadée; mais il ne faut pas, si vous le voulez bien, lui faire aucune question qui l'embarrasserait. Je le promis, et j'ajoutai : Je doute qu'Ursule soit aussi discrète, car elle a grande envie de savoir qui est cette belle personne, et à qui sa beauté a été si funeste. Nous parlâmes ensuite de Théophile. Je lui demandai comment elle l'avait connu. Elle me raconta qu'au moment où son mari quitta la France, elle habitait, aux environs d'Arles, une terre qu'elle avait eue en mariage; que le Comte passa d'abord en Piémont, où il avait fait connaissance avec ce Bracelli, qui lui fit des offres de services; qu'elle avait toujours eu, par lui, des nouvelles de son époux; qu'il lui faisait passer l'argent dont il avait besoin; qu'enfin, M. d'Ornay, voulant se fixer à Londres, l'avait engagée à vendre sa terre, et à en laisser le prix entre les mains de Théophile, qui avait fait une brillante fortune dans les fournitures de l'armée : Je ne le connaissais, poursuivit-elle, jusque-là, que par sa correspondance : son exactitude à me donner des nouvelles du Comte, et à lui faire passer les faibles sommes que je lui envoyais, m'avait disposée en sa faveur. Je partis donc avec le prix de ma dernière ressource, et j'arrivai à Paris : je cherchai Théophile. M. d'Ornay lui avait mandé l'intention où j'étais de lui remettre mes fonds. Aussi me reçut-il avec un empressement, une magnificence qui me le rendirent suspect. Tout me parut faux dans cet homme, et j'hésitais à terminer l'affaire du dépôt, quand je reçus encore une lettre du Comte, qui me pressait de le joindre. Il était tombé sérieusement malade; je ne fus occupée alors que des moyens de me débarrasser de ce que contenait mon portefeuille, et je le remis à cet ami, qui, je le crois bien, n'est qu'un perfide. Je le pensais comme la Comtesse ; mais je ne voulus point ajouter à ses craintes, que le silence de Saldone aggravait encore.

CHAPITRE XXIX.

LE temps marche avec une rapidité relative à nos sensations, à nos désirs. Je trouvais qu'il était d'une longueur insupportable depuis le départ de ma lettre à M. de Saldone, et qu'il avait passé comme un éclair, relativement aux douze jours que le juge de paix m'avait donnés. Un matin, comme j'allais sortir, pour me rendre auprès de madame d'Ornay, je me vis entourée par un nombre d'hommes qui me signifièrent l'ordre de les suivre, si je n'avais pas caution pour trois mille six cents francs de principal, sans les frais, intérêts, etc. — Je ne connais ici personne, ainsi, personne ne peut me cautionner. Je montai dans la voiture de place, qu'ils m'avaient poliment amenée, sans me donner le temps de prévenir Ursule. L'huissier était tout étonné de ma sécurité. Il faut en convenir, disait-il, les Français ont fait un pacte avec la gaieté, que rien ne leur fera rompre.—A quoi bon s'attrister ? reprenais-je en anglais ; il y a toujours un côté plaisant dans chaque événement ; le tout consiste à le saisir plus ou moins vite. Pour moi je vois du comique dans celui-ci ; n'y aurait-il que de me trouver enfermée dans ce fiacre avec des figures comme les vôtres, n'est-ce pas fort original ? Ils firent la grimace, ce qui ne les rendit pas plus jolis garçons, et, en vérité, je ne sais où l'on prend, dans tous les pays, ces supôts subalternes de la justice : il semble qu'on les choisisse exprès pour faire peur aux petits enfans. J'arrivai à la porte de la prison; le geolier, qui me connaissait, et avait déjà reçu des marques de ma générosité, me reçut avec une sorte d'égards. Il me conduisit chez madame d'Ornay, et me dit que j'aurais la chambre à côté d'elle. Cette bonne Comtesse était au désespoir de ma mésaventure; moi, je riais en pensant à la colère qu'aurait Ursule contre l'honnête Sidley, et je priai Pauline d'aller lui apprendre que j'avais un nouveau logement.

Pauline était fort inquiète de ce que nous deviendrions; car sa maîtresse n'avait pas un schelling, et Pauline manquait d'ouvrage. Soyez tranquille, lui dis-je; je vendrai ma harpe, et nous vivrons. Je lui demandai de faire monter Polstreet, c'était notre honnête geolier; je le priai de trouver un acquéreur pour ma harpe; elle avait coûté soixante louis à mon père. Polstreet m'amena un Juif qui m'en donna quinze guinées, et qui, schelling à schelling, monta à vingt-cinq livres sterling (six cents francs.) Je la lui laissai; il me les compta, et emporta ma pauvre harpe, dont le départ me fit presque pleurer; mais honteuse de ma faiblesse je ranimai mes sens, et il n'en fut plus question. Je commandai à dîner pour quatre personnes, mais avec modération, car je ne voulais pas, si ma captivité se prolongeait, m'exposer à mourir de faim.

Ursule et Pauline arrivèrent; la première était au désespoir, et s'offrit d'aller à Paris savoir pourquoi M. de Saldone n'écrivait pas; j'acceptai sa proposition, et lui donnai une montre d'or, un fort joli souvenir en or, et une bague de rubis, pour qu'elle ne manquât ni en route, ni à Paris, si elle n'y trouvait pas de ressources promptes, car je ne concevais rien au silence de M. de Saldone; je craignais qu'il ne fût malade ou absent, et je n'eus l'explication de ce mystère que plus d'un mois après, car Ursule ne pouvait pas plus revenir en France directement, que je n'avais pu passer en Angleterre. Enfin, je reçus d'elle une lettre que je transcris ici :

Lettre d'Ursule à Ernestine.

Ma chère Demoiselle,

« Enfin me voilà à Paris, mais ce n'a pas été sans mal ni sans dépense, et sans la bague de rubis, je n'aurais pu y parvenir; ces maudits capitaines de vaisseaux m'ont ruinée. Enfin, je croyais qu'une fois dans cette ville nous serions à la fin de nos peines, mais nous sommes loin de les voir terminer. D'abord, point de M. de Saldone, pas plus que s'il n'existai pas. Voilà six semaines qu'il est en Bourgogne avec son petit garçon. Alors j'ai été chez M. Gendron. Le beau bruit qu'il m'a fait! j'ai cru que la maison tomberait tant il criait, jurait, tempêtait, en disant : Qu'allait-elle faire en Angleterre? J'ai consenti à ce qu'on lui avançât cent louis, et elle se fait mettre en prison pour quatre mille livres, parce que Mademoiselle a voulu faire la femme de qualité! Eh bien! qu'elle y reste ; quand elle sera majeure, elle vendra son contrat, et elle recouvrera sa liberté ; d'ici là qu'elle pleure ses sottises, qu'elle apprenne à réfléchir. Cette retraite lui fera tous les biens du monde. Outrée contre votre vieux tuteur, j'allai chez sa fille. Après une heure d'attente, d'impertinences de la part des valets, dont je ne connaissais pas un seul (ce sont à présent de grands drôles à moustaches), on m'introduisit par une petite porte dans le cabinet de toilette de madame la Comtesse. Elle me dit, d'un ton de protection, et sans me faire asseoir : Bonjour, la bonne; comment se porte Ernestine? — Pas très-bien; de nouveaux malheurs. — Ah! ma chère Ursule, je n'y peux rien; on me croit riche, je ne le suis point. Le général me donne douze mille livres de pension, et je suis forcée, pour paraître convenablement à la Cour, d'en dépenser vingt par an ; il faut que j'obtienne ces huit mille livres par des supplications, des prières auprès de mon mari et de mon père, et en vérité, je ne serais pas bien venue à leur demander la moindre chose pour une autre. — Mais, Madame, votre amie est......

Sans me laisser ajouter un mot, elle se lève, passe dans une autre pièce, en me disant : Ma chère bonne, faites bien des amitiés de ma part à Ernestine. Vous pensez dans quelle colère j'étais. Je revins chez vous où, par parenthèse, je trouvai tout en fort bon ordre. Si je ne réussis pas à ce que je veux, je vendrai du mobilier ce qui sera nécessaire pour payer à Londres. Je pars ce matin pour la Bourgogne ; j'y trouverai apparemment M. de Saldone, et je suis bien sûre qu'il fera ce que je lui demande. A propos, madame la Marquise a suivi son mari à l'armée ; la brigade de la garde où servent M. le chevalier d'Herbain et M. de Saint-Elme part aussi. C'est comme une malédiction, personne à qui parler, ou qui veuille vous entendre ; pas même M. Théophile : il est à Francfort, où il *fourrage* dans les fourrages ; voilà tout ce que je sais. Ne comptez pas sur moi de six semaines ou deux mois, et croyez que mon zèle égalera le respect avec lequel je suis,

Mademoiselle,

Votre très-humble et très-obéissante servante,

Ursule ».

Cette lettre me fit beaucoup rire et affligea beaucoup madame d'Ornay, parce que nous en prenions chacune la part qui convenait à nos caractères ; elle vit M. de Saldone ne pouvant atteindre ce coquin de Théophile, et moi je ne vis que les ridicules de la nouvelle Comtesse, ceux de la Marquise, qui osait suivre un époux qu'elle déshonorait, pour se trouver auprès d'un amant qui ne l'aimait ni ne l'estimait; et puis, enfin, il ne fallait qu'attendre, car je n'y avais pas pensé : mon mobilier était plus que suffisant pour payer ce que je devais à Londres. Ainsi, que m'importait la suite de cette affaire, dont j'étais sûre de sortir? mais, me disait la Comtesse, c'est une grande perte que de beaux meubles, qui se vendent le tiers de leur valeur. On s'en passe; faut-il donc tant de choses élégantes pour être heureux dans sa retraite. J'avais le projet, en arrivant, de louer à la campagne une petite maison de campagne, qu'il est facile de meubler. Qu'y faut-il? un lit, quelques meubles de bois de noyer, des chaises de paille, des rideaux bleus, voilà tout. Et je me disais à moi-même : Je ramenerai avec moi madame d'Ornay, je la ferai subsister. Pauline m'apprendra à travailler, et avec ce qui me restera de mon revenu, nous vivrons encore toutes quatre très-doucement. Voilà donc, si on ne peut faire rendre à Théophile, ce qu'il paraît vouloir garder sans pudeur, le pis-aller de notre avenir, et je serai plus heureuse dans ce modeste état, que dans cette brillante société où je n'avais pas un moment de repos ; car, il faut en convenir, rien d'aussi fatigant que les plaisirs.

Rien aussi de si fâcheux que la misère, et elle s'avançait à grands pas. Si vous vous souvenez, Madame, du temps où l'anarchie vous avait privée de votre liberté, vous devez savoir tout l'argent qu'on dépense en prison en mourant de faim, et vous ne douterez pas que mes vingt-cinq louis ne durèrent pas long-temps. Depuis quinze jours nous voyions arriver vers nous la faim au teint hâve, aux membres décharnés; nous faisions comme dans une ville assiégée, nous diminuions de jour en jour nos rations; de sorte que nous mangions si peu, que Polstreet disait : Si vos grâces se mettent à une diète aussi austère, elle enlèveront bientôt le gage de leur créance; et si vous vous obstinez à faire aussi maigre chère, je préviendrai Sidley, afin qu'il vous envoie un ou deux plats qui vous empêchent de mourir de besoin. Nous n'avons pas faim, disais-je à ce facétieux geolier; Polstreet secouait les oreilles, et s'en allait après nous avoir apporté trois petits pains et une carafe d'eau. Avec de pareils repas je maigrissais un peu, ce qui me fâchait, car j'avais toujours eu les joues rondes et des couleurs de roses; celles-ci disparaissaient et les autres s'applatissaient de jour en jour, ce qui ne me seyait pas du tout. Pour madame d'Ornay, elle était redevenue aussi diaphane qu'au moment où Pauline m'avait amenée dans cette prison, où je ne pensais guère alors que je viendrais mourir d'inanition. Je cherchais cependant à m'étourdir sur notre sort, quand la pauvre Comtesse, dont le tempérament était bien plus faible que le mien, faillit succomber à l'épuisement qu'elle éprouvait ; sa poitrine s'enflamma, et réellement je tremblai pour ses jours. Pauline était au désespoir. Je fis monter Polstreet ; je l'emmenai dans une chambre, résolue à chercher s'il avait un cœur sous l'écorce la plus dure, et je lui parlai en ces termes : — Mon cher M. Polstreet, avez-vous fait quelquefois une bonne action ; en avez-vous goûté le plaisir ? si vous l'ignorez, voilà une belle occasion d'en faire l'épreuve. La pauvre comtesse d'Ornay va mourir si vous ne lui faites avoir des alimens plus nourrissans que ceux que nous mangeons depuis quelque temps; et je vous jure, foi de Française, de vous payer trois fois la valeur de ce que vous lui fournirez d'ici à quinze jours. — Vous ne connaissez guère Polstreet quand vous lui offrez pareille chose : je savais bien que vous vous laissiez mourir, et je vous avais offert de vous apporter à dîner; mais votre chien d'orgueil m'a refusé. Laissez-moi faire, vous aurez ce qu'il vous faut; vous paierez ce que cela vaudra, et puis c'est tout. Sans me laisser le temps de le remercier, il descendit et envoya sa femme avec du bouillon, du vin vieux, du sirop, de la volaille froide et de la gelée. Je fis prendre à ma pauvre malade de

8**

la nourriture avec modération, et j'eus le plaisir de la voir se ranimer. Pauline pressait mes mains dans les siennes. — Ah ! mademoiselle de Nainville, que ne vous dois-je pas ! Ce n'est pas moi, disais-je, qu'il faut remercier, c'est le bon Pol-street.

Cependant je calculais qu'il y avait bientôt six semaines que nous avions reçu la lettre d'Ursule, et je m'attendais de jour en jour à la voir arriver ; madame d'Ornay commençait à quitter son lit ; j'avais repris mes belles couleurs, et Pauline ne paraissait plus abattue par la douleur et exténuée par la faim. Nous venions de prendre le thé, la porte de notre chambre s'ouvre, et nous voyons entrer Ursule, suivie de M. de Saldone et de son fils.

La joie que j'éprouvai en l'apercevant fut aussitôt troublée en voyant Pauline tomber sans connaissance ; et ce qui m'étonna bien plus, M. de Saldone se précipiter vers elle, la soulever de terre, l'appeler par son nom, lui demander de vivre pour lui, pour son fils. Madame la comtesse d'Ornay, encore plus étonnée que moi, regardait avec une sorte de stupeur cette scène qui, pour elle, était plus étrange que pour moi. Pauline, ouvrant les yeux, attacha ses regards, avec une douceur angélique, sur M. de Saldone. — Quoi ! c'est vous, Monsieur ! vous vous souvenez de la pauvre Pauline ! puis s'arrachant de ses bras et attirant sur son sein l'aimable enfant, elle le couvrit de baisers. — C'est toi ! oui, c'est toi, mon cœur ne saurait me tromper. Isidore lui rendit ses caresses avec la naïveté de son âge, sans trop concevoir ce qu'il voyait. Pour moi, je commençais à m'apercevoir que M. de Saldone était l'objet de cette fatale passion que madame la comtesse d'Ornay m'avait dit être la cause du malheur de l'intéressante Pauline ; mais comment était-elle mère d'Isidore, qui, disait-on, était fils d'une paysanne; et en vérité, ce ne pouvait être Pauline, cette femme dont toutes les manières étaient si nobles, dont l'esprit était si cultivé, et qui réunissait tous les talens que donne une éducation distinguée. — Quoi ! Pauline, dit enfin M. de Saldone, n'y aura-t-il que cet enfant à qui vous prodiguerez des marques de tendresse, et moi ne suis-je plus rien pour vous ! cependant c'est vous que je viens chercher ici ; car je n'avais pas besoin d'y venir pour rendre à votre généreuse amie le faible service qu'elle daignait me demander ; mais hâtons-nous de quitter ce triste séjour : passons au guichet, je vais tout payer. Nous descendîmes aussitôt.

Pauline tenait Isidore par la main, et craignait qu'on ne l'en séparât. M. de Saldone donnait le bras à madame d'Ornay, et moi je pris le bras de ma pauvre bonne, à qui je n'avais pas eu encore l'instant d'adresser un mot, et qui était tout aussi surprise que moi, de la scène dont elle avait été témoin : M. de Saldone ne lui avait pas dit un mot qui pût lui en donner l'idée, et elle ne se doutait en rien qu'il connût Pauline. Ursule était très-empressée de me raconter tout ce qu'elle avait fait depuis son départ ; mais nous ne fûmes pas assez long-temps à nous rendre au guichet, pour qu'elle entreprît cette narration. Polstreet paraissait très-content de notre délivrance ; je n'oubliai pas d'apprendre à M. de Saldone les procédés généreux de cet homme envers nous, et il le récompensa avec sa magnificence accoutumée. Une voiture de place nous attendait ; nous nous fîmes conduire dans notre ancien gareth. La bonne hôtesse fût enchantée de mon retour.

CHAPITRE XXX.

Quand nous fûmes chez moi, je priai M. de Saldone de m'expliquer le mystère de sa liaison avec Pauline. Hélas! dit-il, cette histoire est celle de mon fol entêtement pour la liberté, qui m'a rendu bien coupable envers cette belle et charmante personne. J'abusai de sa naïve tendresse, en lui proposant de prendre mon nom, que je n'avais point l'intention de lui laisser. Vous ne savez que trop quelle fut ma conduite envers mon épouse, la mère de mon enfant ; mais ce que je ne savais pas, c'est que celle dont je ne connaissais que l'amour et la beauté, joignait à ces dons l'esprit le plus susceptible de recevoir toute espèce d'instruction et de talens, et je ne l'ai appris que par le rapport de mademoiselle Planier. Comment ma Pauline a-t-elle acquis ces nouveaux moyen de séduction? voilà ce que j'ignore, et ce que je me flatte qu'elle m'apprendra. Pour achever ce qui m'est personnel dans cette singulière rencontre, je vous dirai que cette année, ayant reconduit mon fils dans mes terres, en Bourgogne, pour y passer l'été, le souvenir de sa mère y vint troubler le repos que je comptais y goûter. Les questions multipliées que cet enfant me faisait sur elle, réveillèrent en moi des remords; je me dis: Si mon fils apprend que j'ai abandonné sa mère, que je l'ai forcée à quitter ses parens, son pays, où elle avait passé ses jeunes années, quelle idée aura-t-il de moi? Je perdrai son amour et son estime. La jalousie vint aussi mêler ses poisons à ces réflexions ; je me disais : Pauline n'a encore que vingt-quatre ans ; c'est l'âge où la beauté des femmes est dans son éclat. Je l'ai rendue libre ; elle aura trouvé un cœur plus digne que le mien de faire son bonheur ; elle a remis à un autre les droits que j'ai dédaignés. Cette pensée me faisait souffrir des maux extrêmes, et j'étais prêt à partir pour la Provence, où je l'avais forcée de se retirer, quand Ursule vint chez moi en Bourgogne ; elle nomma Pauline en parlant de madame la comtesse d'Ornay : ce nom réveilla en moi les plus tendres émotions. Je ne sais ce qui me fit demander des détails sur cette Pauline ; tout me porta à croire que c'était celle à qui j'avais juré amour et fidélité et que j'avais abandonnée. Je gardai le silence, et partis avec mademoiselle Planier. Vous savez ce qui s'est passé; mais ce que je brûle d'apprendre, c'est comment celle que je retrouve si belle, a su joindre à tout ce que la nature lui avait donné, tout ce que l'art ajoute en donnant les talens et l'instruction.—Comme il n'y a rien, reprit Pauline, qui puisse satisfaire mon cœur d'une manière plus précieuse que de trouver l'occasion de célébrer les bienfaits de madame d'Ornay, je vous apprendrai tout ce qu'elle a fait pour moi; ce sont des bienfaits dont j'aurai une reconnaissance qui durera autant que ma vie. — Je vous conjure, Monsieur, dit madame d'Ornay, de ne point croire que j'aie eu le moindre mérite auprès de ma chère Pauline; je lui dois bien plus qu'elle ne m'est redevable, puisque sans elle je serais morte dans les prisons de Londres. — Vous étiez dignes l'une de l'autre, reprit Saldone ; mais laissez-moi connaître comment elle a, grâce à vos soins, réuni tant d'agrémens et tant de charmes. Pauline commença en ces mots :

Histoire de Pauline.

Lorsque je fus conduite à Arles par votre ordre, dans la pension de madame Sauveur, comme une jeune fille orpheline de père et de mère, je fis des efforts extraordinaires pour cacher la douleur qui me dévorait, et surtout pour en dérober la cause. Je me sentais si profondément humiliée d'être ainsi rejetée par celui que j'adorais, et de ce qu'il ne me trouvait digne ni d'être épouse ni d'être mère, que je tombai dans une profonde mélancolie. Madame Sauveur crut que mes jours étaient menacés, et les médecins ayant déclaré que l'air de la campagne m'était absolument nécessaire, elle engagea madame la comtesse d'Ornay de me prendre auprès d'elle. J'entrais dans ma dix-septième année, et je touchais au tombeau. Ma chère bienfaitrice seule ne se trompa point sur la cause d'un état si éloigné de la folle gaieté de la jeunesse; ma situation la toucha; elle me prit dans la plus grande amitié, et je ne sais comment je la méritai : elle chercha à connaître l'auteur du chagrin qui me dévorait, non par cette curiosité indiscrète qui sonde les plaies, moins pour y porter remède que pour savoir quelle est leur profondeur; elle m'inspira une telle confiance, qu'enfin je lui appris le sujet qui faisait couler mes larmes; elle employa le seul moyen, sinon de les tarir, au moins d'en tempérer l'amertume. Elle m'engagea tellement à cultiver mon esprit, que si jamais je rencontrais M. de Saldone, il regrettât de s'être privé de ma société, disant qu'il me proposerait peut-être de renouer nos liens. Cette pensée me rendit le courage ; j'étais mère, je tenais à la vie ; et, puisque par ce moyen je pouvais espérer revoir mon fils, il n'y a aucun doute que je devais employer toutes mes facultés pour y parvenir ; que dis-je, n'était-ce que de cet enfant que j'étais occupée, et son père n'était-il donc pour rien dans mes pénibles études ? Il est aisé de penser que lorsqu'on est parvenue à plus de seize ans sans avoir su autre chose que lire assez médiocrement, écrire encore plus mal, il y a loin à une éducation distinguée ; il fallut toute la patience de madame la comtesse d'Ornay, et tout le désir que j'avais de réussir, pour que je parvinsse à acquérir les connaissances nécessaires pour vivre dans la société, et cultiver avec quelque succès des talens dont à peine je savais les noms. Cependant les années se succédaient sans que je reçusse de vous, mon cher Saldone, aucune marque de souvenir, et je désespérais de vous revoir jamais, quand M. le comte d'Ornay écrivit à sa femme de venir le joindre. Elle m'offrit de la suivre à Londres ; rien ne me retenait en Provence, et un instinct secret me disait que je vous rencontrerais peut-être dans le cours de ce grand voyage. La crainte de voir mourir celle à qui je devais une seconde existence, me força un jour de m'adresser à à mademoiselle de Nainville, et je ne pensais guère que ce serait par elle que je vous retrouverais. Ainsi la Providence nous cache ses secrets, et nous amène au but par des voies qui paraissent opposées.

M. de Saldone, vivement ému des témoignages si touchans de celle qu'il avait si cruellement abandonnée, sentit doubler dans son cœur l'amour que la rare beauté de Pauline y avait rallumé; et sa reconnaissance pour madame d'Ornay fut si vive, qu'il se jeta à ses pieds. La Comtesse le releva, et prenant la main de Pauline, qui s'y prêta de bonne grâce, elle la mit dans celle de Saldone, en lui disant : Je vous la rends; mais songez que je vous regarderais comme un monstre si vous lui causiez de nouvelles peines. M. de Saldone abjura dans les mains de la Comtesse son système philosophique, et la conjura d'engager la mère de son fils à reprendre un nom qu'elle n'aurait jamais dû quitter. Il répéta qu'il attendait avec impatience d'être en France pour lui jurer de nouveau, mais d'une manière plus solennelle, puisque ce serait au pied des autels, qu'il n'aurait jamais d'autre compagne.

Comme rien ne nous retenait plus à Londres, nous partîmes le lendemain pour gagner l'Allemagne, et rentrer ainsi dans notre patrie. D'après ce que nous avions su de Théophile, nous pensâmes qu'il serait bon que M. de Saldone le cherchât à Francfort, où on disait qu'il était. En effet, notre ami le trouva, et lui demanda qu'il eût à remettre à madame la comtesse d'Ornay le portefeuille qu'elle lui avait laissé en partant pour l'Angleterre, et dont il avait donné le reçu que M. de Sal-

donc lui fit voir. — Je ne dis pas le contraire, repondit Théophile ; mais je n'ai pas ces effets là ici, je les ai laissés à Paris. — Ceux-là ou d'autres, reprit Saldone, peu importe, pourvu qu'ils soient bons ; mais je vous déclare que madame d'Ornay est dans cette ville, et qu'elle ne sortira pas que vous ne lui ayez remis les cent huit mille francs qu'elle vous a confiés. Arrangez-vous pour les rendre, ou elle se plaindra au Ministre. Théophile, qui avait déjà d'autres affaires sur les bras qui pouvaient bien lui faire prendre, malgré lui, le chemin de la Provence, dit que le lendemain il paierait ; et en effet, la bonne Comtesse reçut en billets le montant de sa créance, ce qui lui causa une joie infinie. Voilà, dit-elle, une dot pour ma fille adoptive, et un moyen de reconnaître tout ce que je dois à la chère Ernestine : nous lui dîmes toutes deux qu'il fallait avant tout qu'elle s'occupât de s'assurer une existence agréable. Nous partîmes pour Paris deux jours après, et nous descendîmes dans mon logement, où Pauline resta avec nous, jusqu'à ce qu'elle eût contracté un nouveau mariage avec le père de son fils. Madame d'Ornay, qui n'avait aucun proche parent, lui donna quarante mille livres de dot, et avec soixante-huit mille francs, elle acheta une maison à Vitry, où nous transportâmes nos pénates. Je trouvai, en y arrivant, une très-belle harpe, infiniment supérieure à celle que j'avais perdue à Londres.

Il est difficile de se faire une idée du bonheur que nous goûtions dans cette charmante retraite. Rien n'était plus paisible et plus heureux que notre société. M. et madame de Saldone s'adoraient, et leur enfant, objet de leur mutuelle tendresse, répondait à leurs soins. Madame d'Ornay jouissait de leur félicité, qui était son ouvrage. Dégoûtée du monde, je cultivai les arts et les lettres; je jouissais de la nature sans ambition ni désir; je ne voyais rien qui dût me faire souhaiter de changer de situation, quand M. de Saldone nous proposa de faire quelques visites dans le village, entre autres, chez madame de Burnon, sœur de Saint-Elme : on se souvient qu'il était l'ami du mari de Pauline. Nous trouvâmes une femme de trente-six ans (elle en avait dix de plus que son frère), encore belle, et du meilleur ton ; elle était veuve d'un officier général de l'ancien régime. Sa fortune, fort bornée, eût été insuffisante à une existence décente, si son frère n'y avait ajouté presque tout ce qu'il possédait, car il aimait tendrement sa sœur; elle l'avait élevé, et elle était pour lui une seconde mère, une amie. Sa maison se trouvait très-voisine de la nôtre ; nous la vîmes très-souvent. Sa société nous plaisait beaucoup plus que celle des autres habitans de Vitry, dont plusieurs nouveaux riches me rappelaient les ridicules et les torts de la comtesse de Valsery, qu'on pense bien que je n'avais pas été visiter, non plus que son père. Quelque temps après mon retour, je sus seulement que, perdue dans le tourbillon, elle était connue par son impertinence, sa prodigalité et sa parfaite insensibilité de cœur, qui ne la préservait pas d'être citée comme honorée des soins particuliers d'un grand personnage qui, peut-être, ne pensait seulement pas à elle.

CHAPITRE XXXI.

Des revers trop funestes ramenèrent à Paris un grand nombre de nos officiers. Saint-Elme fut un de ceux qui furent préservés des malheurs qui accablèrent nos braves, et il n'eut que celui de voir périr dans ses bras son camarade d'Herbain, qui mourut des suites d'une blessure. J'ai su depuis qu'il me rendit, à ses derniers momens, une justice éclatante, et chargea son ami de me témoigner son repentir de sa conduite envers moi. Je donnai des regrets à la mort d'un homme jeune, aimable, et que le désir de paraître un homme à bonnes fortunes avait jeté dans des écarts dont il serait revenu avec le temps. La Marquise se compromit au dernier point, par la douleur qu'elle témoigna en apprenant la mort de M. d'Herbain ; elle jetait les haut cris, s'arrachait les cheveux, et faisait mille extravagances semblables, qui mettaient le pauvre mari au désespoir, car il aurait bien voulu que personne ne connût la conduite de la Marquise, et elle l'affichait indignement. Un jour, à la parade, un officier, qui ne connaissait point Léopold, s'approche de lui, et lui dit : Ce pauvre d'Herbain est mort, j'en suis fâché, c'était un bon enfant ; il laisse une veuve désolée. — Vous vous trompez, reprit le Marquis, d'Herbain n'était point marié. — Oh ! marié, non, car sa bien-aimée avait un mari de la meilleure pâte qu'on eût encore vue ; on me l'a nommé, vous le connaissez peut-être? c'est le Marquis..., aidez-moi donc, il y a du *val* dans son nom.... Granval, Longueval, c'est Longueval qu'il s'appelle. Saint-Elme qui se trouvait là, marchait sur le pied du conteur qui, enfin, se douta de l'aventure, et prenant Francisque par le bras, délivra le pauvre mari du supplice qu'il lui faisait souffrir. M. de Longueval ne donna aucune suite à cette aventure, mais engagea sa femme à revenir à Paris; elle y consentit, et se consola, dit-on, avec un chef de division, de la mort du pauvre d'Herbain.

Saint-Elme avait été aussi étonné que charmé, à son retour, de nous trouver établis à Vitry, et liés intimement avec sa sœur. Le mariage de son ami Saldone lui fit un très-grand plaisir, il en rendit hommage à sa compagne, dont les talens avaient beaucoup de rapport avec les siens. Nos concerts de famille devinrent très-agréables. Il aima aussi madame d'Ornay, et je ne fus pas celle de ce cercle qui lui fut le plus indifférente. Il combattait toujours sa passion pour moi, non plus comme autrefois, parce qu'il ne me croyait pas capable d'un attachement solide ; mais parce qu'il se persuadait qu'il n'avait pas réussi à me plaire. Cependant, il vint souvent chez Saldone : je le trouvais chez sa sœur, et une douce habitude se formait entre nous, sans que nous pussions nous rendre compte de l'attrait qui nous portait l'un vers l'autre. Madame de Burnon voyait avec plaisir cette sympathie ; elle avait toujours désiré que son frère se mariât ; elle aurait voulu me nommer sa sœur, de préférence à toute autre. Saldone, sa femme et surtout madame d'Ornay, voyaient notre inclination avec plaisir, comme devant nous rendre heureux. Ils persuadèrent donc à Saint-Elme qu'il devait me déclarer ses sentimens, et m'offrir sa main. Je ne cache point que je fus très-sensible à l'honneur qu'il me faisait, et je lui demandai seulement vingt-quatre heures pour lui rendre ma réponse. Je les employai à réfléchir sur les inconvéniens que me présentait ce mariage.

J'aimais sincèrement Saint-Elme; et depuis six mois que je le voyais sans cesse, j'avais découvert en lui mille bonnes qualités, pas un seul défaut grave; sa sœur m'était devenue aussi très-chère. Il portait un beau nom, avait un grade honorable, et était décoré : voilà le beau côté de cette alliance; mais il n'avait rien que ses appointemens, dont une partie était utile à sa sœur. On sait que mon voyage d'Angleterre avait diminué mon faible patrimoine de près d'un cinquième ; nous n'aurions donc eu que quarante mille francs, et au plus quatre à cinq de revenu, sur lesquels il ne fallait pas oublier Ursule, dont les infirmités pouvaient m'obliger, non-seulement à me faire servir par une autre, mais même à avoir quelqu'un pour la soigner. Les dépenses qu'entraînait le service devenaient plus grandes depuis que des défaites faisaient perdre aux officiers leurs équipages. Saint-Elme venait de l'éprouver, et j'avais bien vu que ce n'était qu'en faisant des sacrifices qu'il avait réparé cette perte. Une fois mariés, le laisserais-je dans l'embarras, et toutes les fois qu'il aurait besoin d'argent, ne viendrais-je pas à son secours ? Au bout de quatre ans mes quarante mille livres seraient dissipées, et j'aurais deux ou trois enfans; trop pauvre pour recourir à des soins étrangers, je me verrais livrée à tous les embarras du ménage; peut-être en serais-je réduite à raccommoder le linge de mon cher époux, et à faire sa cuisine. Je ne me sentis pas destinée à cette pieuse abnégation de moi-même : c'est un devoir, me dira-t-on ; une mère, une femme, doit tout sacrifier pour son mari, pour ses enfans : j'en conviens ; mais comme ce n'est pas un devoir de se marier, je préférai renoncer à l'hymen plutôt que d'être réduite à un état de gêne, de privation continuelle; encore n'est-ce rien que les enfans, tant qu'ils sont jeunes; mais quand les filles ont atteint quinze ans, si elles ont la folie du mariage, quel chagrin de n'avoir point de dot à leur donner! Comment soutenir les garçons au service? Ah ! ne me parlez pas de mariage sans une fortune assurée: j'aime Saint-Elme à la folie, me disais-je ; je renonce à lui avec un sincère regret ; mais j'y renonce, parce que nous serions malheureux, et que nous finirions peut-être par nous détester, tant les embarras inséparables du manque de fortune aigrissent l'humeur : renonçons à cette chimère. Et sans consulter aucun de mes amis, j'attendis que Saint-Elme vînt pour recevoir ma réponse ; elle fut absolument négative ; je lui mis devant les yeux tout ce que je viens de dire.

Qui peindra le profond chagrin du Chevalier ? Quoi ! disait-il, je me suis cruellement trompé en croyant, Ernestine, que vous partagiez mon amour ? Pourriez-vous calculer ainsi les chances malheureuses qui suivraient peut-être notre union, si l'amour vous prêtait son bandeau ? Ah !

certainement, Ernestine, vous ne m'avez jamais aimé. — Je vous assure, mon cher Saint-Elme, que vous vous trompez. Je vous aime beaucoup, et après vous en avoir fait l'aveu, je ne formerai jamais d'autres nœuds, et je vous aimerai jusqu'à mon dernier soupir. Unie de la plus tendre amitié avec votre sœur, nos talens, le goût des lettres, tout concourra à rendre notre société charmante et durable. Ah! mon cher Francisque! laissez-moi le soin de votre bonheur, et je le ferai bien plus sûrement, qu'en nous enchaînant au triste char de la misère qui nous dévorerait. — Ernestine, vous ne m'aimez pas, vous ne m'avez jamais aimé, vous voulez ma mort. — Eh! non, mon ami, on ne meurt point parce que l'on ne se marie pas. Et quelque chose qu'il pût dire, je ne changeai ni de résolution, ni de langage. J'étais touchée de sa peine, mais je me disais : Il ne sait pas combien je lui en épargne de plus grandes. Madame d'Ornay, qui entendait parler avec vivacité dans ma chambre, y entra. Ah! Madame, dit Saint-Elme, si vous saviez avec quelle cruauté elle me refuse sa main, en prétendant qu'elle assure ainsi notre bonheur!—Plaisante manière, en vérité! dit madame d'Ornay : d'où vous vient ce caprice? — Ce n'est point une fantaisie nouvelle; je ne veux point me marier, je ne l'ai jamais voulu ; j'aime Saint-Elme comme mon plus tendre ami, mais je sens que je le haïrais si, en m'épousant, il me mettait dans une situation gênée, malheureuse.—Mais il a, reprit madame d'Ornay, un avancement certain.—On n'avance plus quand on est pauvre. *On donnera à celui qui a ;*

c'est une parole que tous les siècles qui se sont écoulés, depuis qu'elle a été prononcée, ont vu s'accomplir. Il suffirait que vous fussiez mariés, père de plusieurs enfans, pour que vous vissiez vos cadets vous passer sur le corps. D'ailleurs, on sait bien qu'un homme, que tant d'intérêts attachent à la vie, ne cherchera pas à s'exposer comme un de ses camarades qui, par un passe-droit, obtient son grade; aussi, n'y regarde-t-on pas de si près pour le lui enlever : rien, mon ami, de plus incompatible que le service et le mariage. — Eh bien ! je donnerai ma démission à la paix. — Je verrai alors ce que nous pourrons faire; d'ici là, suivez votre carrière, et laissez-moi dans ma paisible retraite. Ce mot si vague, *je verrai*, dont on ne paie que trop les solliciteurs de tous les genres, calma un peu les douleurs de Francisque ; et il fallut bien qu'il s'en contentât, car je ne voulus prendre avec lui nul autre engagement, malgré tout ce que purent me dire Saldone et Pauline, et même ma vieille Ursule. Un ordre de rejoindre son corps, qu'il reçut deux jours après, me délivra de leurs persécutions; cependant, j'avoue que je ne pus penser qu'il partait sans une grande émotion. Je me disais : Il y a un an que d'Herbain partit aussi, et jamais il ne reviendra. Cette pensée me glaça d'effroi : je fus prête à verser des larmes ; comme je ne voulais pas qu'il s'en aperçût, je partis pour Paris. J'allai, avec madame d'Ornay, à l'Opéra, et soupai chez une dame de sa connaissance. Nous ne revînmes qu'à minuit; Saint-

Elme m'y attendait avec sa sœur chez madame de Saldone. Il me répéta tout ce qu'il m'avait dit, car les amans ne se lassent point de répéter, de sorte qu'il était deux heures du matin avant qu'il pensât à me quitter, et il partait à quatre heures. J'imaginai qu'il valait autant ne se point coucher, et que nous irions avec madame de Burnon, le conduire jusqu'à la première poste.

On fit un boston en attendant l'heure du départ; cette heure venue, Saint-Elme monta dans la voiture de M. de Saldone, avec sa sœur et madame d'Ornay. M. et madame Saldone se servirent de celle de Francisque, et devaient reprendre place dans la voiture où nous étions pour revenir à Paris. Je fis les plus grands efforts pour dissimuler la peine que j'éprouvais de ce départ, et ce fut pour moi une contrariété extrême de recevoir des adieux que j'avais évités avec tant de soin. Ils furent très-tendres de la part du Chevalier, qui me demanda, pour toute faveur, un nœud de ruban qui attachait ma collerette; je ne crus pas devoir le lui refuser. Il le prit, le posa sur son cœur, et dit qu'il me le rapporterait, parce qu'il serait préservé par lui de tout accident.—Je le désire bien sincèrement; car, malgré tout ce que vous pouvez penser, vous n'aurez jamais de plus sincère amie que moi. Il prit ma main, la baisa avec transport, se couvrit les yeux de son mouchoir, et sortit de la voiture où j'étais pour s'élancer dans l'autre, qui partit à l'instant. M. et madame de Saldone se réunirent à nous; mais je ne voyais, je n'entendais plus rien ; l'amour, plus fort que tous mes raisonnemens, me fit envisager le départ du Chevalier comme une séparation éternelle, et pour la première fois de ma vie j'éprouvai une douleur si vive, que je perdis connaissance. Ces dames firent arrêter la voiture, me prodiguèrent leurs soins, et furent long-temps à me rappeler à la vie. Je fus bien honteuse en sortant de cet état. Je voulais trouver à cet accident des causes tout-à-fait étrangères au départ de Saint-Elme ; mais mes amis n'en furent pas dupes, et surent alors à quel point il m'était cher. Madame de Burnon était aussi très-affligée du départ de son frère. L'armée avait perdu confiance, ses revers lui en faisaient présager d'autres ; le soldat qui croit être vaincu, ne manque guère de l'être : ce fut ce qui nous arriva.

Les jours, les semaines amenaient de nouvelles inquiétudes, et on ne lisait plus les papiers publics qu'avec effroi ; quand après une vicissitude de victoires et de revers, l'ennemi pénétra en France. Je ne décrirai point ces scènes de désolation, dont Paris fut préservé miraculeusement; les phalanges ennemies s'arrêtèrent à nos portes, et les Parisiens reçurent, comme alliés, ceux qui étaient venus pour anéantir leur ville. Les Français rendus à leur Prince, se livrèrent avec transport à l'espoir de la paix, si désirée des amans et des mères ; les barrières qui s'étaient élevées entre la patrie et un grand nombre de ses enfans, se baissèrent, et des Français retenus si long-temps hors de son sein, revirent enfin les lieux qui les avaient vu naître.

Nous avions eu des nouvelles de

Saint-Elme ; il n'avait reçu qu'une très-légère blessure dans les dernières affaires ; il reviendrait à Paris dès qu'il pourrait quitter son corps : voilà la paix, ajoutait-il, je pourrai donner ma démission sans manquer à l'honneur ; alors qu'aura à m'objecter mademoiselle de Nainville ? d'ailleurs, ma sœur rentrera peut-être dans une partie des biens de son époux, qui ne sont point vendus ; et je suis bien sûr qu'elle ne retrouverait de fortune que pour la partager avec moi. Madame de Burnon me l'assura dans les termes les plus tendres. Je l'en remerciai ; mais je n'en étais pas plus disposée à épouser Francisque, parce qu'il ne me paraissait pas convenable qu'il dépouillât sa sœur pour m'enrichir ; d'ailleurs, madame Burnon était encore assez jeune et fort belle : qui pouvait dire qu'elle ne se remarierait pas, et eût-il été juste de lui en ôter les moyens ? Je ne fis donc que des réponses qui ne m'engageaient point, et qui marquaient seulement beaucoup de reconnaissance des sentimens de la sœur et du frère.

CHAPITRE XXXII.

Madame de Burnon venait presque tous les jours passer la soirée avec nous. Un jour je la vis venir plus tôt que de coutume ; elle me parut fort émue, et tenait un gros paquet de lettres qu'elle venait de recevoir.— Mes amis, dit elle en entrant, je ne puis vous laisser ignorer l'événement extraordinaire qui m'arrive, et auquel je ne pouvais m'attendre ; en vous en faisant part, je vais vous instruire en même-temps de mon existence et des circonstances bizarres où je me suis trouvée. Nous la priâmes de s'asseoir, et nous nous plaçâmes tous près d'elle, pour entendre ce qu'elle avait à nous dire, dont le début seul piquait vivement notre curiosité. S'étant un peu remise de son trouble, elle commença ainsi.

Histoire de mademoiselle de St.-Elme.

« Ma mère, qui était veuve depuis un an, avait quitté la France avec moi et mon frère encore enfant. Nous allâmes à Worms où elle fit connaissance avec M. le Marquis de Burnon, qui servait dans l'armée de Condé : c'était un vieil officier général criblé de blessures, et estimé généralement de ses camarades et de tous ceux qui le connaissaient : tout cela est fort intéressant dans un ami ; mais a peu de charmes dans un époux, lorsqu'on n'a pas quatorze ans accomplis (*). Mais

---

(1) On se mariait alors dès douze ans révolus.

ma mère ne me consulta pas ; elle était d'une très-mauvaise santé, craignait de me laisser sans appui sur un sol étranger. M. de Burnon lui offrait de m'épouser et l'assurait qu'au moment où il rentrerait en France, ce qui devait selon lui être prochain, il mettrait à mes pieds plus de six cent mille francs en terres, et pour beaucoup plus en bois. Ma mère qui croyait aussi à la *partie de chasse* (*), trouva que je ferais un très beau mariage en épousant le Marquis, et me signifia de lui donner ma main. Je sentais pour M. de Burnon un grand éloignement ; je tâchai de faire entendre à ma mère qu'elle me rendrait très-malheureuse, en me forçant de prendre le nom d'un homme que je

---

(*) C'est ainsi que les émigrés appelaient leur rentrée en France, les armes à la main.

n'aimais pas. — Est-ce qu'on aime son mari, excepté dans les romans? on l'estime, on le considère, on fait sa volonté, et voilà tout. — Mais, ma mère, pensez donc que M. de Burnon a un œil de moins, une main à laquelle il ne reste que deux doigts et une jambe plus courte que l'autre de plus de trois pouces. — Eh bien! ma fille, ce sont trois blessures honorables qui doivent, comme je vous l'ai dit, lui mériter votre estime. — Je l'estime beaucoup; mais je ne veux pas l'épouser. — Ah! vous ne voulez pas! il vous appartient bien d'avoir une volonté! Voyez! les principes de la révolution pénètrent jusqu'ici ; mais apprenez, Mademoiselle, que vous êtes faite pour m'obéir : vous épouserez le Marquis, ou je vous conduis demain à Vienne ; je vous fais entrer dans un couvent pour y prendre le voile, et je n'en partirai pas que vous n'ayez prononcé vos vœux ; je n'ai pas envie de laisser un enfant de votre âge libre de faire toutes les sottises qui lui passeraient par la tête : enfin, choisissez du marquis de Burnon ou d'être religieuse. Le choix me paraissait bien dur ; je le fis néanmoins, et je consentis à épouser le Marquis, parce que j'avais au moins la pensée que je survivrais à un homme de soixante ans, et que des vœux étaient irrévocables.

Le Marquis ne doutait pas que je ne dusse l'aimer ; il avait, disait-il, été adoré d'une première femme : donc, je devais l'adorer aussi ; il ne se souvenait ni de ses blessures ni de son âge, et prétendit qu'il devait me plaire. Il fut donc singulièrement surpris, lorsque ma mère, m'ayant laissée seule avec lui la première nuit de nos noces, je lui refusai opiniâtrement l'honneur de partager sa couche. J'étais très-jeune, fort alerte, et lui se tenant difficilement sur ses jambes ; je fuyais d'un bout de la chambre à l'autre ; il ne pouvait me joindre, et malgré cela il me faisait une si grande peur par les témoignages de son amour, que je ne vis rien de mieux, pour me mettre à couvert de sa ridicule tendresse, que de grimper sur une armoire en bibliothèque, qui se trouvait dans la chambre conjugale, et m'accroupissant sur le dessus de ce meuble, qui était au moins à huit pieds de terre, j'y restai constamment, sans que prières ni menaces pussent m'en faire descendre. Fatigué de ma résistance, il prit le parti de se coucher seul et de dormir. Je dormis aussi, et si bien, que je tombai de mon armoire en bas, et me cassai la jambe. Le bruit de ma chute, les cris que m'arracha cette fracture, réveillèrent mon époux, qui, me voyant couchée au milieu de la chambre, demanda ce que je faisais là, et pourquoi je n'étais pas venue prendre ma place près de lui; je ne répondis qu'en criant de toutes mes forces, dans l'espérance qu'on viendrait à mon secours. — Que diable avez-vous donc? Levez-vous, et venez vous coucher. — Me lever, je ne le puis. — Et qui vous en empêche? — J'ai la jambe cassée? — Quel conte! — Rien de plus vrai; et je me remis à crier. Ma vieille gouvernante, qui m'avait élevée, et qui était au désespoir qu'on m'eût mariée au marquis de Burnon, au bruit que nous faisions, s'approcha de la porte, et entendant que je disais : J'ai la jambe cassée, se mit à crier : Ah!

quel homme, il lui a cassé la jambe, afin qu'elle soit boiteuse comme lui. Ma mère, qui ne savait ce qu'elle entendait, se lève, et trouve la vieille Javote dans une colère affreuse. — Voyez, Madame, la belle chose que vous avez faite; dès la première nuit il lui casse une jambe; que fera-t-il par la suite, il l'étranglera ! Ma mère appelle M. de Burnon, et le prie d'ouvrir. — Dites à votre fille, qui est levée, de vous ouvrir, pour moi je ne le puis pas. Ma mère m'appelle, et je la supplie d'entrer, en ajoutant que, si elle n'a pas pitié de moi, je vais mourir, parce que je souffre des douleurs intolérables. Ouvrez donc, M. de Burnon, répéta ma mère, ceci passe la plaisanterie ; et si vous ne m'ouvrez, je vais faire enfoncer la porte. — Je ne crois pas que vous l'osiez, répond le Marquis. — Je vous assure que vous allez en avoir la preuve ; et, tant elle que Javote, et un valet allemand qui était à son service, ils eurent bientôt fait sauter les gonds, et la porte s'ouvrit. Quel fut l'étonnement de ma mère, de me trouver,

En jupon court, en blanc corset;

assise par terre, tenant ma pauvre jambe. Ma mère fut bientôt convaincue qu'elle était cassée, ce qui réveilla en elle les sentimens les plus tendres. — Mon Dieu, dit-elle, ce n'est que trop vrai ; ma pauvre fille, quelle barbarie! — Ma mère, ce n'est pas sa faute, je n'ai pas voulu.... — Est-ce donc une raison ! Vous êtes un monstre ; et cette tranquillité ! après un pareil crime, Monsieur reste dans son lit !... Ma pauvre fille ! je te demande bien pardon, de t'avoir mariée à un homme aussi cruel. —

Ma mère, je vous assure que ce n'est point la faute de M. de Burnon. — C'est très-généreux à toi, mon enfant, de le défendre, mais je vois trop ce qui s'est passé. — Voyez tout ce que vous voudrez, dit le Marquis, il n'y a pas un mot de vrai dans tout ce que vous imaginez ; je vous le dis, vous devez le croire, et si elle s'est cassé la jambe, je n'y suis pour rien ; mais elle l'a fait par malice, ou le ciel l'a punie de n'avoir pas voulu remplir ses devoirs en répondant à mon amour. — Voyez quelle insensibilité pour celle qui, malheureusement, est sa femme ! pauvre enfant ! Aidez-moi à la porter sur mon lit. Javote, ma mère et Johan, unissant leurs forces, m'enlevèrent de cette chambre, me firent passer dans l'appartement de mère, et me placèrent sur son lit. Le Marquis se leva pour fermer la porte derrière nous, se recoucha tranquillement, et s'endormit.

Ma mère envoya chercher un chirurgien. On me remit la jambe, non sans de grandes douleurs, parce qu'elle était fracturée en deux endroits, et je fus condamnée à rester dans mon lit pendant six semaines. C'était, il faut l'avouer, de tristes réjouissances de noces. Malgré tout ce je que pouvais représenter à ma mère, qui, comme je l'ai dit, tenait à ses opinions, elle persista à croire que c'était au Marquis que je devais ma triste situation. Lui, trop fier pour se justifier d'une pareille accusation, résolut de se séparer de moi, parce que je le haïssais; de ma mère, parce qu'elle le calomniait; et, dès le jour même, il retourna loger à l'auberge. Ma mère qui, d'après ce qu'elle pensait, l'avait en horreur, ne chercha point à le retenir; moi qui, par ce moyen, me voyais débarrassée de lui, je cherchai encore moins à le rapprocher; de sorte qu'avant que je fusse en état de me lever, il n'était pas plus question de mon mariage avec M. de Burnon, que s'il n'avait jamais eu lieu, excepté que j'avais changé de nom; et, on ne me voyant point de mari, on ne concevait pas pourquoi on m'appelait la marquise de Burnon. Je restai dans mon lit tout le temps prescrit par les médecins. Ce fut alors que le Marquis rejoignit la division qu'il commandait, laissant une lettre pour ma mère, dans laquelle il la priait de me garder avec elle jusqu'à ce qu'il pût repasser en France avec moi ; il m'assignait 1500 francs de rente sur la ville de Hambourg, où il avait, en arrivant, placé cinquante à soixante mille fr., précaution fort sage, et que tous les émigrés n'ont pas eue : du reste, pas un mot du sujet de la rupture. J'éprouvai une grande joie de son départ, et d'être mariée sans époux. Je ne pensai qu'à me guérir, et je le fus si parfaitement, que je n'ai jamais eu le moindre ressentiment de cet accident, que ma mère et Javote persistèrent à croire arrivé par un mouvement de violence de M. de Burnon. Nous nous retirâmes, ma mère, mon frère et moi, dans une petite maison de campagne, où nous vécûmes assez commodément. Le Marquis ne vint pas une seule fois nous voir, ce dont je me passais fort bien. Ma mère, au bout de onze ans, succomba à la maladie dont elle était attaquée depuis si long-temps. Je fus infiniment sensible à sa perte. Elle avait eu tant de bontés pour moi depuis la première nuit de mes noces, que j'aurais oublié entièrement que c'était elle qui était cause de mon malheur, si elle ne m'eût pas sans cesse réitéré ses regrets de m'avoir contrainte à épouser un homme aussi brutal que M. de Burnon.

J'entrepris encore de le justifier; ma mère m'imposa silence, et dit que tout ce qu'elle pouvait faire était de lui pardonner. Elle me recommanda de me conduire comme j'avais toujours fait, de conserver ma réputation sans tache. Elle me nomma tutrice de mon frère, l'engageant à m'aimer, à me respecter comme une seconde mère; ce qu'il a fait constamment avec une tendresse qui me rend si heureuse, que je n'ai jamais désiré d'autre existence que celle dont je jouis depuis vingt ans.

M. de Burnon ayant appris la mort de ma mère, et sachant combien j'y étais sensible, m'écrivit pour me faire son compliment de condoléance, et m'engageait à repasser en France avec mon frère, qui ne ferait rien en Allemagne. Il joignait à sa lettre un acte d'un dépôt de quarante mille francs, qu'il avait fait à Paris dans les mains d'un avoué, dont il donnait le nom et la demeure, pour que je pusse toucher cette somme et la placer, afin d'avoir un revenu suffisant pour moi et mon frère, jusqu'à ce qu'il fût placé. Quant à moi, ajoutait-il, je ne reviendrai jamais en France qu'avec mon Prince légitime. Je lui écrivis pour le remercier, et l'assurai que je suivrais ses conseils; mais je n'eus jamais le courage de l'engager à venir me voir; je me souvenais toujours de la première nuit de mes noces, et je ne pouvais vaincre l'antipathie que j'avais conçue pour lui. Il n'avait pas, selon toute apparence, plus de désir de me revoir; car il n'était dans ce moment qu'à quatre lieues de chez moi, et n'y vint pas. Je fis toutes mes dispositions pour revoir la France, où j'obtins de rentrer sans danger. Mon frère désirait voir ce beau pays, dont je l'entretenais sans cesse. Enfin, nous partîmes; le voyage fut très-heureux, et j'arrivai à Strasbourg il y a aujourd'hui dix ans. Depuis cet instant je n'ai pas eu la moindre nouvelle de M. de Burnon, dont, en arrivant en France, je me suis dit veuve, afin de n'avoir pas à répondre à mille questions indiscrètes. Je trouvai son dépositaire fidèle; il me remit les quarante mille francs qui lui avaient été comptés par M. de Burnon; c'est avec cet argent que j'ai acquis ma petite maison; et profitant d'un moment de baisse sur des inscriptions, j'en achetai pour me faire deux mille francs de rentes. J'ai vécu avec ce revenu, et j'ai mis mon cher Francisque en état d'entrer dans la Garde, où il avait une perspective brillante : tout est changé; mais ce que vous aurez peine à croire, c'est que mon cher mari, que je croyais bien réellement mort, m'écrit qu'il revient en France, et que résolu à vivre en philosophe chrétien, il veut réparer le scandale de sa vie passée en se rapprochant de sa femme *légitime*; qu'en conséquence, il se rend à Lyon, où il espère que je viendrai le joindre, et il m'envoie une lettre de change de deux mille francs, pour mon voyage. Seriez-vous, ma chère Ernestine, assez aimable pour m'accompagner? car malgré ses quatre-vingts ans, je redoute le tête-à-tête.

— Je ne demande pas mieux, répondis-je. M. de Saldone la plaisanta sur les doux plaisirs dont son cher époux la ferait jouir. — L'amitié m'en garantira, dit-elle; mais, enfin, c'est un devoir de se réunir à un vieillard dont on porte le nom. — Je gage, dit madame d'Ornay, que la pensée des bois, qui ne sont pas vendus, vous a déterminée à vous raccommoder avec le Marquis, et vous avez bien fait. — Je n'y ai, je vous assure, pas encore pensé; mais au fait, il me ferait un double plaisir de me les abandonner, pour que mon frère fût riche, et surtout heureux. Il fut convenu que l'arrivée du vieux M. de Burnon ne changerait rien à notre manière de vivre; que sa compagne l'amenerait dans sa maison, et qu'on en aurait le plus grand soin. Nous convînmes aussi de partir le mardi d'après Pâques, et d'aller ainsi au-devant du printemps. On pense bien que ce n'est pas de M. de Burnon que je veux parler; mais bien de la douce température des provinces méridionales de France, qui voient, bien avant nous, fleurir les lilas et les roses. J'étais enchantée de connaître ces belles contrées. Tout le voyage nous parlâmes de Saint-Elme : quel sujet pouvait intéresser plus vivement son aimable sœur ? Nous en avions eu des nouvelles la veille de notre départ; il nous assurait qu'avant un mois il serait près de nous, et madame de Burnon me disait : Si mon mari rentre dans les bois dont il avait parlé à ma mère, je sais qu'ils sont assez considérables pour n'avoir pas été vendus, rien ne s'opposera plus au bonheur de mon cher Saint-Elme, car il sera riche dès que je le serai. Je serrai la main de mon amie avec une grande affection, et je commençai à entrevoir que, peut-être, je serais forcée de perdre ma liberté, n'ayant plus d'objections raisonnables à opposer à l'amour de Saint-Elme : j'étais au moment de fuir pour conserver mon indépendance.

Enfin nous arrivâmes à Lyon, où au moins je croyais être bien sûre que je ne me marierais pas. Madame de Burnon prit un appartement convenable pour la femme d'un officier général ; car elle dit en arrivant qu'elle venait au-devant de son mari ; elle eut néanmoins grand soin de retenir deux chambres à coucher : elle n'avait pas envie de répéter la scène de Worms. Le Marquis lui avait mandé qu'elle trouverait à Lyon une lettre de lui, poste restante, qui lui apprendrait le jour de son arrivée ; et, en effet, cettre lettre y était; mais elle ne marquait pas encore quand il partirait de Berne : il avait un gros rhume et des ressentimens de goutte qui ne lui permettaient pas de se mettre en route; il se flattait, cependant, que ce ne serait pas dans plus de quinze jours ou trois semaines. Comme nous n'avions rien qui nous intéressât à Lyon, après avoir vu les manufactures et la place de Bellecour, j'engageai ma compagne à faire un voyage à Toulon, dont j'avais souvent entendu vanter la belle rade. Nous descendîmes le Rhône, et nous allâmes gagner cette ville. Nous visitâmes le port, l'arsenal, et nous allâmes au bagne, où je fus fort étonnée de m'entendre appeler par mon nom, mais d'une voix si lamentable que la pitié me força d'arrêter. Quelle est ma surprise en apercevant Théophile, si pâle, si décharné, que j'aurais eu peine à le reconnaître s'il ne s'était pas nommé. Oh! Mademoiselle, me disait-il, n'oubliez pas *il povero Théophilo*, qui meurt de douleur, d'excès de travail, *e sopro tutto di pigrizia*, à laquelle il ne peut plus se livrer. — Eh! M. Théophile, comment êtes-vous ici? — Parce qu'on ne s'entend jamais. J'avais la plus jolie affaire du monde, elle tourna mal; je n'ai trouvé d'autre moyen que d'ajouter un simple zéro à la dépense, pour en diminuer un à la recette; vous conviendrez que c'était une bagatelle, puisque c'était zéro pour zéro, c'est-à-dire, rien pour rien; eh bien! l'infernale Marquise, que mille bombes l'écrasent! s'avisa de me dénoncer, parce qu'elle avait été dans la confidence avant nos brouilleries, et le tout pour se venger de moi, et faire avoir ma fourniture à d'Orsonville. — Mon maître d'anglais ? — Lui-même, avec qui elle s'est raccommodée, et moi me voilà ici pour huit ans ; mais il est impossible que j'y reste, car je me sens mourir ; ne pourriez-vous demander ma grâce ? Il me remit une pétition pour le Ministre, où il se faisait voir blanc comme neige. Je lui promis de l'envoyer, et lui donnai un double louis pour l'aider à se rétablir. Je ne l'aimais ni ne l'estimais ; mais il était si cruellement puni, que je ne pus me défendre de lui rendre service, attribuant ses fautes bien plus à son siècle qu'à lui-même. Né cent ans plus tôt, il aurait suivi la profession de son père, aurait pris un bon établissement, et eût été un honnête citoyen ; mais quand tout est bouleversé, quand il n'y a plus de subordination, il n'est pas surprenant que des jeunes gens, dont à peine l'éducation était finie, se perdent dans le tourbillon où ils se trouvent lancés sans principes de morale et d'équité ; c'était là précisément ce qui était arrivé à Théophile ; il succomba, non à la honte, on sait qu'il n'en avait pas, mais à la fatigue, et je sus, avant de quitter Lyon, qu'il était mort aux galères : en vérité, ce n'était pas une grande perte.

Nous avions été dix jours dans notre course, et nous étions rendues à Lyon le quinzième. J'étais parfaitement indifférente au retour de M. de Burnon. Sa femme le redoutait un peu ; et il lui paraissait assez dur, après vingt ans de liberté, de se remettre dans la dépendance d'un vieillard qu'elle n'avait jamais aimé. Je la plaignais, car je ne connaissais rien qui pût dédommager du plaisir de faire sa volonté du matin au soir ; mais c'était un devoir, il fallait le remplir. Comme nous en parlions, nous vîmes arriver un vieux laquais, avec une veste écarlate galonnée en argent sur toutes les coutures ; il était monté sur un cheval de poste. — Votre cher époux arrive, dis-je à ma compagne ; je gage que c'est là son courrier. En effet, celui-ci demanda en arrivant madame la marquise de Burnon. On le fait monter chez la sœur de Saint-Elme. Il lui remit un petit billet doré sur tranches, et tellement parfumé, qu'il n'avait rien perdu de sa suavité, pendant la longueur d'une poste, dans la poche de Frankman. Il était conçu en ces termes :

Billet du marquis de BURNON à madame la Marquise, sa femme.

« Je vais donc vous revoir, ma

chère Olympe, après vingt ans d'absence! Malheureusement j'en ai soixante-dix-neuf passés; mais n'importe; si,

Dans les âmes bien nées,
La valeur n'attend pas le nombre des années;

elle leur survit. Aussi, défenseur de mon Roi, amant des belles, j'apporte à vos pieds, ma chère Marquise, tous les sentimens qu'inspirent à un loyal Chevalier la légitimité, quelque part qu'elle se trouve : dans une heure votre heureux époux vous le prouvera, ainsi que son inviolable attachement.

Le marquis de BURNON ».

Ce billet, qui me fit rire aux éclats, donna beaucoup d'humeur à Olympe, qui ne se sentait nulle envie de recevoir les témoignages de la légitime tendresse de son époux si légitime.

Mais enfin elle pensa que ses soixante-dix-neuf ans, car il se rajeunissait d'un an, mettraient un peu de calme dans ses doux transports, et elle cherchait à se tranquilliser. A peine avait-elle fait ces réflexions, que la chaise de poste entra dans la cour; et m'approchant de la croisée, je vis descendre, enveloppé dans un manteau écarlate, sur lequel était brodé l'écusson de la grand'-croix de Saint-Louis, un homme d'une moyenne taille, un peu courbé, maigre, ridé, portant un bandeau sur un œil, frisé en ailes de pigeon, et coiffé d'un petit chapeau à trois cornes; une épée, dont on voyait le bout du fourreau, relevait le manteau par derrière, ce qui laissait apercevoir une jambe effilée, chaussée d'un bas de soie et d'un escarpin à talons rouges. C'est lui! c'est lui! il n'y a pas de doute;

c'est votre cher époux. La Marquise devint pâle et tremblante. Pour moi, j'allais au-devant de lui, pour donner à mon amie le temps de se remettre. On ouvre la porte ; il entre, appuyé sur une canne à bec de corbin ; ôtant son chapeau avec grâce, il s'arrête, tourne son seul œil de mon côté. — Quelle est, dit-il, cette jeune personne ? sa figure ne m'est point étrangère. — Je ne crois pas, Monsieur, lui dis-je, avoir l'honneur d'être connue de vous, n'ayant jamais été en Suisse, à moins que vous n'ayez été à Londres. — C'est apparemment là que je vous ai vue, il y a huit à dix ans. — Mon voyage, en Angleterre, Monsieur, est bien plus récent que cela. — C'est bien singulier ; il me semble que je vous connais parfaitement. Mais où est donc ma femme ? Elle n'est pas plus empressée que de coutume... Olympe arriva. —J'attendais, Monsieur, que vous eussiez renouvelé connaissance avec cette jolie personne. — Quoi! chère Olympe, de la jalousie :

...Je suis trop heureux si Titus est jaloux !

—Oh! je vous assure, Monsieur, que si la jalousie est une preuve d'amour, je n'en ai pas la moindre ; mais je m'amusais de voir que votre empressement pour votre légitime épouse, ne vous empêchât pas de vous arrêter auprès de mon amie avec l'air le plus galant. — La galanterie, Madame, dans un Français, ne nuit point à sa fidélité pour sa compagne. — Vous ne l'avez pas soigneusement gardée depuis ce temps. — Je vous ai fait ma confession, Madame, dans ma première lettre ; mais le passé ne nous appartient pas, et le Ciel même ne nous

11*

demande que le repentir. — Et moi, je vous en dispense. Il me paraît que votre santé est bonne? — Vous me voyez encore en état de faire un assaut : et il voulut défaire l'agrafe de son manteau. Je vis qu'avec sa pauvre main mutilée il avait grand'peine à se débarrasser. Je l'aidai, il saisit ma main de celle des siennes qui était entière, et la baisa avec un transport si drôle, que je fus au moment de répondre par un éclat de rire; mais au milieu de ses ridicules, un vieux militaire, couvert d'honorables blessures, inspire un respect involontaire. On avait besoin de se livrer à ce sentiment pour ne pas étouffer de rire en voyant de quelle manière il était habillé. Il portait sous son manteau un habit de moire bleu céleste, brodé or et argent, à grandes basques; une veste d'étoffe d'argent à graines d'épinards, une culotte courte, de drap de soie, à larges boucles de diamans ; un jabot et de longues manchettes de point : l'épée passait par la poche : tel était le marquis de Burnon. Sa femme le regardait d'une manière si plaisante, qu'on ne pouvait s'empêcher de juger que cette union ne serait pas très-intime.

On servit ; le Marquis fut toujours fort aimable avec moi, très-respectueux avec sa femme. Après le souper, il demanda à la Marquise ce qu'elle voulait faire de lui. — Un ami, dit-elle. Voici votre appartement, voici le mien ; et si vous voulez être de bonne foi, vous conviendrez que je vous rends service. — Vous croyez, Madame ! vous me tenez bien peu de compte des sacrifices que je vous fais dans ce moment ; et les larmes que l'on versées à mon départ, prouvent que votre opinion sur mon compte est très-erronée : mais comme je ne prétends pas que vous vous cassiez un bras ou une jambe, comme à Worms, j'accepte ce que vous me proposez, quoique je ne le dusse point ; je chanterai comme le duc de R***.,

Il est minuit, séparons-nous....

Je me retire donc, non sans l'espérance de vous revoir, ainsi que votre charmante amie, dont la noble origine est gravée dans ses traits. Ah! je gage que si jamais l'hymen vous range sous ses lois, vous ne condamnerez pas, ainsi que madame de Burnon, votre époux à un triste célibat, car vos yeux ont une expression ! une expression ! qui me ferait tourner la tête : vraiment, et ce sera la faute de Madame. Mais enfin, si elle rejette mes vœux..... ne pourrais-je espérer.... vous êtes si jolie ! et il s'approchait de moi. La Marquise à son tour riait, moi je me reculais. Enfin, dit-il, ne pourriez-vous pas m'embrasser ; cela me ferait tant de plaisir ! — Et à moi fort peu de peine. J'avançai ma joue, et me retirai si vite, que ses lèvres m'effleurèrent à peine. — Ah ! friponne, je vous dirai comme Jean Second : ce n'est là que

. . . . L'image d'un baiser.

Je lui fis une grande révérence ; il n'en eut pas davantage, et bien m'en prit, comme on le saura dans le chapitre suivant.

CHAPITRE XXXIII.

Madame la marquise de Burnon m'avait demandé en grâce de coucher dans sa chambre : elle craignait les entreprises de son époux. Il paraît qu'il n'en eut pas même la pensée, et qu'il dormit profondément. Dès le matin, sa chère femme envoya savoir de ses nouvelles, et s'il n'était pas fatigué. Il répondit au laquais avec la finesse qui avait toujours été dans son caractère : — Fatigué !.... Ah ! Madame sait bien qu'on ne peut jamais l'être auprès d'elle. Elle lui faisait demander aussi l'heure de son déjeuner, et ce qu'il désirait : — Dites, répondit-il, à madame la Marquise, que son heure sera toujours la mienne, et que je ne prends que du chocolat. A dix heures précises Olympe fit dire à son mari que le déjeuner l'attendait. Il vint musqué, calamistré, je crois même qu'il avait mis un peu de rouge, son bandeau était placé avec art; enfin, il s'était sûrement dit, en se regardant dans la glace : Si madame de Burnon rejette mon hommage, on est fait de sorte à n'être pas éconduit par toutes les beautés; j'en connais qui auraient bien pu se casser une jambe, sans que ce fût pour me fuir; et sa charmante amie.... Mais à propos, se dit-il encore à lui-même, il faut que je sache qui elle est, car j'ignore si madame de Burnon est restée, sur cet article, aussi scrupuleuse qu'on doit l'être dans notre caste. Les idées libérales ont fait de terribles progrès, et il n'y a pas de classe quelque élevée qu'on la suppose, qui n'en soit attaquée. Il entra, occupé de ces idées, et après m'avoir saluée de la manière la plus gracieuse, avoir souhaité le bonjour à sa chère moitié, il l'emmena dans l'embrasure de la croisée :

Et lui tint ce discours,
Dont sa toux importune interrompait le cours.

Je ne sais, Madame, si vous vous êtes conservée pure, si vous vous êtes préservée de la contagion générale, et si vous avez gardé cette ligne de démarcation entre vous et ces familles plébéiennes, qui ont eu l'audace de s'égaler à nous. — Je vous avoue, Monsieur, que depuis dix ans que je suis à Paris, j'ai vécu dans la société comme on y a toujours vécu dans cette ville : ne connaissant d'autre distinction que d'être plus ou moins aimable, d'avoir un meilleur ou plus mauvais cuisinier ; du reste, on n'est point, Dieu merci, comme dans les petites villes de province, à examiner les titres de chacun, pour savoir combien on fera de révérences ; et je vous le répète, ce n'est pas la révolution qui a introduit cet usage : ma mère, qui avait été élevée à Paris, m'assurait qu'il en a toujours été *ainsi*. — Eh bien ! Madame, je vous déclare qu'il n'en sera pas *ainsi* chez moi, et que je ne veux recevoir que des gens chapitrables. — Cela est bien vu, au moment où il n'y a plus de chapitres. — C'est égal, je ne change point avec mon siècle. — C'est cependant ce qu'on peut faire de mieux en cas de mode et de coutume, car pour les principes, ils doivent être invariables. Enfin, à quoi bon ce long préambule, où en voulez-vous venir ?

— A savoir, Madame, quelle est

cette jeune personne, son nom, son état, le rang que son père occupait, et la province qui l'a vue naître. — Rien ne m'est plus facile que de vous répondre ; c'est mademoiselle Nainville. — Nainville ! êtes vous bien sûre que ce soit son nom ? — Oh ! très-sûre ; Ernestine Nainville, fille d'un chef de division de la guerre et d'une fille de qualité ; pupille de M. Gendron, notaire. Son père était fils de M. Nainville, avocat de Dax. — C'est bien cela ; et revenant à moi : Comment ai-je pu m'y tromper ! ce sont ses yeux, sa bouche, son teint et tout son éclat; Mademoiselle, vous vous nommez Nainville ? — Oui, Monsieur. — Vous êtes de Dax ? — Non, Monsieur, je suis née à Paris ; mais mon père et ma mère étaient nés à Dax. Ont-ils eu l'avantage d'être connus de vous ? — Un peu, surtout votre mère. Mais dites-moi, qu'est devenue une certaine Ursule, qui, ma foi, il y a cinquante-cinq ans, était fort jolie ; mais vertueuse on ne s'en fait pas d'idée. — Elle vit toujours et ne m'a pas quittée. — Je lui en sais gré. Elle n'est pas ici ? — Non, je l'ai laissée à Vitry chez des amis avec qui je demeure. — Que l'on nomme ? — La comtesse d'Ornay et M. et madame de Saldone. — J'aurais été bien aise de voir cette bonne fille. Vos parens n'existent plus ? — J'ai eu le malheur de les perdre l'un et l'autre. Le Marquis me prit la main avec affection et dit : Je vous en tiendrai lieu. — Eh bien ! Monsieur, reprit la Marquise, vous voyez que l'on n'a pas besoin d'être chapitrable pour être aimable. Je n'oublierai amais un souper que j'ai fait avec deux chanoinesses de Rémiremont;

elles m'ennuyèrent à un tel point, de leur généalogie, de leurs quartiers, que je crus que je serais frappée d'un sommeil léthargique. — Je conviens que Mademoiselle est beaucoup plus aimable que mille chanoinesses des hauts chapitres de Flandre, de Lorraine, d'Allemagne, etc., etc.; mais cela ne prouve rien, parce qu'il y a, pour Mademoiselle, des raisons particulières. — Ah! j'entends; vous croyez que son esprit, ses grâces : tout cela vient de ce qu'elle eut une mère noble. — Eh! mon Dieu, c'est une pauvre raison que celle-là. — Mais enfin qui vous donne tant de curiosité sur le compte de mon amie? — Un grand intérêt. Avez-vous entendu parler du marquis de Mensi? — C'est mon grand père maternel. Il a péri dans l'émigration; on n'en a jamais eu de nouvelles. — Pour lui, il en a eu de sa fille, et quand il a su qu'elle avait épousé un roturier, il a juré de ne jamais la revoir. — Je respecte les préjugés de mon aïeul ; je ne dois pas me permettre de juger sa conduite ; mais je puis dire qu'il fut peu d'homme aussi intéressant sous tous les rapports, que l'était mon père ; qu'il a rendu madame de Mensi très-heureuse, et que je leur dois, à l'un et à l'autre, la meilleure éducation et les idées les plus justes, les plus saines et les plus exemptes de préjugés. — Je vois, Mademoiselle, que vous avez sucé le lait de l'indépendance. — C'est son seul défaut. Mais, puisque vous prenez un si grand intérêt à Mademoiselle, je veux bien vous dire, que cette liberté à laquelle elle met tant de prix, nous nous flattons qu'elle ne tardera pas à la perdre : mon frère, mon aimable

Saint-Elme, cherche à se faire aimer d'Ernestine, et je crois qu'il y a réussi. — Je ne m'en défends pas ; mais je vous le dis sans cesse, repris-je avec vivacité, entre aimer et épouser il y a encore bien loin. — Mademoiselle, reprit vivement le Marquis, lorsque M. de Saint-Elme vous fait l'honneur de vous demander en mariage, vous devez accepter, et je veux que cet hymen ait lieu très-incessamment. — Vous le voulez, répondis-je en riant ; et de quel droit prétendez-vous me conduire ? — De quel droit ! hélas ! du plus sacré de tous : je suis le père de votre mère, le marquis de Mensi. — Cela est-il possible ! Comment vous nommez-vous de Burnon ? — Parce que c'était le nom d'une branche de la maison de Mensi. Je quittai mon nom, quand j'appris le mariage de votre mère, afin qu'il n'y eût plus aucun rapport entre vos parens et moi ; et ce fut ce qui me détermina, quelques années après, à me marier pour avoir un héritier de ma race : vous savez comme j'ai bien réussi ; mais puisque le Ciel permet que je vous retrouve, et que M. de Saint-Elme veut bien vous épouser, je vous ferai un assez beau sort pour qu'il fasse aussi un fort bon mariage ; mais à condition que son fils aîné prendra mon nom. — Il ne demandera pas mieux, répondit la Marquise ; je vais lui écrire, pour qu'il se hâte de se rendre à Paris où nous le trouverons. — Non, il faut qu'il vienne ici ; je ne veux pas paraître à la Cour, ayant une petite-fille du nom de Nainville ; encore si on avait ajouté un *de !* cela passerait, parce que le nom n'est pas mal ; mais sans article, c'est d'une bourgeoisie insupportable.

Je n'avais nul plaisir en retrouvant ce grand-père, qui se croyait un bien plus haut Seigneur que mon père, qui avait mille fois plus de mérite que lui, et mon nom avec ou sans article, me convenait, parce qu'il était celui du plus honnête et du plus aimable des hommes. Ainsi, je trouvais singulièrement ridicule que M. de Mensi de Burnon se permît d'en parler avec dédain. J'étais prête à prendre la poste pour m'en retourner à Paris; Olympe s'en aperçut, et me demanda, au nom de son bonheur, de celui de son frère, de ne pas refuser les offres de mon aïeul. Elle eut beaucoup de peine à m'y déterminer; je restai donc, et à l'orgueil près, je trouvai M. de Burnon aimable. Il n'était point exigeant : le désir qu'il avait de paraître jeune faisait qu'il ne demandait que peu de soins ; il fallait seulement faire son piquet le soir; dans le reste de la journée, il était toujours courant, et allait conter fleurette aux petites marchandes, qui riaient sous cape de sa figure tant soit peu grotesque. Nous restions, seules ainsi, Olympe et moi, une grande partie du jour; je m'amusais beaucoup à traiter l'aimable Olympe en aïeule, et à penser que je serais, tout à la fois, sa sœur et sa petite-fille. Saint-Elme accourut sur les ailes des zéphirs, et nous fûmes tout étonnés de le voir arriver, quand nous croyions à peine qu'il avait reçu la lettre de sa sœur.

Avec quelle joie se revirent le frère et la sœur ! Saint-Elme ne concevait rien de tout ce qu'il entendait. Sa sœur le présenta à son mari; celui-ci me dit, en parlant de Saint-Elme : Voici votre époux. Francisque tomba à mes genoux, et me supplia de ratifier cette parole, qui le comblait de félicité. — Puisque le Ciel, par un enchaînement assez bizarre, me remet sous l'autorité paternelle au moment où je me croyais parfaitement libre de mes actions, je m'estime heureuse que l'usage que M. le marquis de Burnon fait de cette autorité soit pour me marier au seul homme que j'ai aimé, au seul que j'aimerai. — C'est parler cela, dit le Marquis; embrassez-moi, ma fille. — Et moi, ma sœur, dit la Marquise; c'est bien aujourd'hui le plus beau jour de ma vie. Je me jetai dans ses bras. — Elle est charmante, disait le vieux Marquis; elle est charmante! Voyez combien le pur sang de nos Chevaliers Français vivifie le plus abject. — Mon très-cher papa, lui dis-je, je veux bien être votre petite fille, vous donner tous les soins de la plus respectueuse tendresse, faire votre volonté en épousant

Saint-Elme; mais si vous continuez à mépriser le rang dont je suis sortie, dans lequel était né mon père, je me retire au fond d'une province, où vous n'entendrez plus parler de moi. Adieu votre héritier, je l'emporte avec moi, et il est mort dans la pensée, sans avoir vu le jour. — Ne vous y fiez pas, Monsieur, dit Olympe, elle est capable de le faire comme elle le dit. — Eh bien! eh bien! je n'en parlerai plus, répartit mon aïeul; mais mariez-vous donc bien vite, pour que j'aie en ma possession le noble héritier des prérogatives, honneurs et vertus, qui éclatent dans ma maison depuis plus de dix siècles. — Vous êtes sûr, reprit Saint-Elme, que dans neuf mois vous aurez un petit-fils beau comme sa mère, et qui fera briller les talens militaires de son aïeul. — C'est fort bien, repris-je;

mais je veux qu'il ait les vertus de son père, sa douceur, sa tendre indulgence, sa générosité, sa franchise; joignez à cela, l'esprit, les talens de sa tante, et ce sera un véritable Grandisson. La volonté de M. de Burnon, de ne me ramener à Paris que mariée, retarda notre union, car il fallut demander tous les papiers, tant ceux de la capitale que ceux de Dax. Enfin, M. et madame de Saldone et madame d'Ornay eurent le temps d'arriver pour m'accompagner à l'autel, avant que les papiers fussent venus. Mais j'oubliais la bonne Ursule : elle fut aussi du voyage. Le plaisir de revoir son vieux maître lui en donna la force. D'ailleurs, n'était-ce pas elle à mettre sur ma tête le voile, symbole de la pudeur, et cette couronne virginale, que ma mère eût posée sur mon front avec tant d'orgueil. Ursule la présenta à celle qui passait pour ma belle-mère, et qui ne ressentit guère moins de joie que si elle l'eût été véritablement. L'avantage que je trouvai à célébrer mon hymen à Lyon, fut de ne lui donner aucun apparat ; un excellent déjeuner, en sortant de l'Église, fut la seule magnificence de cette fête, qui fut toute à l'amour et à l'amitié.

L'impatient Chevalier, d'accord avec ses amis, trouva le moyen d'abréger la journée d'une manière opposée à celle dont se servit l'auguste amant d'Alcmène. Au lieu de la prolonger, ils firent arriver la nuit beaucoup plus tôt, en fermant hermétiquement les croisées, de sorte que je fus persuadée qu'il était minuit, quand huit heures du soir venaient de sonner. Seule avec ce que j'aimais depuis long-temps, je goûtai le bonheur suprême de lui avouer, sans rougir, toute la vivacité de mon amour.

M. de Burnon, qui ne pouvait s'accoutumer aux rigueurs d'Olympe, me demanda si je ne m'étais pas foulé le pied ou démis le bras. — Non, je vous assure, je me porte à ravir. — Qu'il est heureux, ce coquin de Saint-Elme! on ne lui refuse rien, et moi on me rebute. Sa plainte recommençait toujours; mais Olympe n'y faisait pas la moindre attention.

Deux jours après mon mariage, nous partîmes pour Vitry. Je m'établis avec mon époux, et M. et madame de Burnon, dans la maison de celle-ci, à laquelle il fut convenu qu'on ferait ajouter une aile quand mon grand-père serait rentré dans ses bois. Il alla aux Tuileries, et revint enchanté. Le Roi lui avait dit : Vous voilà de retour, M. de Burnon, j'en suis fort aise. Il avait saisi ce moment pour demander pour son fils, car il ne nommait jamais autrement Saint-Elme, une place dans la maison du Roi, et la permission que mon mari et moi nous fussions présentés, faveur que Sa Majesté nous accorda avec bonté. De là à rentrer dans ses bois, il y avait encore loin; cependant il l'obtint peu de temps après, de sorte que nous nous trouvâmes fort riches. Mon grand-père, dont la santé était excellente, vit heureux avec nous, et voit avec un plaisir extrême croître l'enfant que le Ciel m'a accordé, et que son arrière grand-père n'appelle jamais autrement que le marquis de Mensi; du reste, il nous laisse parfaitement libres, même sa femme, de faire tout ce que nous voulons; seulement il nous dit que nous sommes fous; qu'on ne peut pas être plus inconséquent que de prétendre être Royaliste, et conserver les mœurs et le costume des Jacobins. Nous le laissions dire. Nous nous sommes raccommodés avec M. et madame Gendron, dont le gendre, entièrement ruiné par le nouvel ordre de choses, a rendu sa femme à ses parens, et est allé aux États-Unis. Rosalie est redevenue bonne enfant, et a renoncé aux grands airs et à la coquetterie. La Marquise, au contraire, croit que personne ne se souvient de ses écarts; mais malheureuse dans l'intérieur de son ménage, elle traîne une vie pauvre et sans aucune considération. Elle est réduite à n'avoir pour société que M. et madame d'Orsonville, qui se sont raccommodés, et se passent, dit-on, leurs communes faiblesses. Quant à moi, mon bonheur est extrême; M. de Saint-Elme est chaque jour plus aimable pour moi. Deux enfans charmans resserrent nos nœuds. Nos amis partagent notre félicité, et je vous assure, qu'ainsi que je vous l'ai dit, je suis la preuve qu'un caractère gai et *sans souci*, n'empêche pas d'être la plus vertueuse femme du monde.

FIN.

On trouve chez le même Libraire :

Le Prevôt de Paris, ou Mémoires de sir de Caperel, sous le règne de Philippe V, dit le Long, par l'auteur d'Agnès Sorel, 4 vol. in-12.　　　　　　　　　　　　　　8 f.

Charles le Mauvais, ou la Cour de Navarre, roman historique, par madame Guénard de Méré, 4 vol. in-12, fig.　　　　8 f.

Marie Menzikoff, ou la Fiancée de Pierre II, empereur de Russie, roman historique, par Auguste La Fontaine, 2 vol. in-12, orné d'une très-jolie figure, représentant Marie sur le trône.　　　　　　5 f.

Bal (le) Masqué, ou Édouard, par Auguste Lafontaine, traduit de l'allemand, par Duperche, traducteur de Rinaldo Rinaldini, de Jeannette et Guillaume, et autres ouvrages intéressans, 4 gros vol. in-12, ornés de 4 fig.　　　　　10 f.

Méline, ou Mémoires du Chevalier de Moncy; par l'auteur d'Agathe d'Entragues, 5 vol. in-12.　　　　　　10 f.

La Vallée de Mitterbach, ou le Château de Blankeinstein; par M. de Faverolle, 4 vol. in-12.　　　　　　　　　　　8 f.

Odette, la petite Reine, ou les Apparitions de la Dame Blanche, roman historique du règne de Charles VI; par M. de Valcour, 4 vol in-12.　　　　　　　8 f.

Mémoires historiques de la princesse de Lamballe, quatrième édition, 2 vol. in-12.　　　　　　　　　　　　　5 f.

Ferrandino, fin des Aventures de Rinaldo Rinaldini, chef de Brigands, traduit de l'allemand du même auteur, 2 vol. in-12.　　　　　　　　　　　　　5 fr.

Itinéraire de Buonaparte pour l'île Sainte-Héléne, in-8. 1 f. 50 c.

Les six Fuites de Buonaparte, 1 vol. in-8. 2 f. 50 c.

L'Intendant et son Seigneur, ou les Dangers des mariages clandestins ; par l'auteur d'Anna Petrowna, d'Aurélie, ou le Bigame, etc. 4 vol. in-12. 8 f.

Rosetti, ou l'Orpheline Vertueuse, 3 vol. in-12. 6 r.

Histoire du Donjon et du Château de Vincennes, depuis leur origine jusqu'à la chute de Buonaparte; nouvelle édition, revue et corrigée, avec fig. 12 f.

Histoire secrète du Tribunal Révolutionnaire, 2 vol. in-8. 10 f.

Histoire de madame Élisabeth de France, sœur de Louis XVI, troisième édition, avec fig., 3 vol. in-18. 3 f.

Histoire particulière de l'Abeille commune, considérée dans tous ses rapports avec l'Histoire générale de l'homme, en quatre parties, et en cent cinquante-sept paragraphes, avec fig., 2 vol. in-8. 8 f.

Histoire de la Conquête et des Révolutions du Pérou ; par Alphonse de Beauchamp, 2 vol. in-8, avec portrait. 9 f.

Histoire abrégée de la Révolution française, et des malheurs qu'elle a occasionnés depuis l'époque de la formation des Etats-Généraux, en 1789, jusqu'au 18 brumaire de l'an VIII (1799), 3 vol in-8, fig. 15 f.

Le Règne de Richard III, traduit de l'anglais, par Louis XVI, 1 vol in-8. 3 f.

Les Tuileries et le Temple, ou Recueil d'anecdotes, pour servir de suite au Journal de Cléry, 1 vol. in-8. 4 f.

LA FILLE SANS SOUCI.
TOME I.

LA FILLE SANS SOUCI.
TOME I.

LA FILLE SANS SOUCI.
TOME II.

LA FILLE SANS SOUCI.
TOME II.

www.ingramcontent.com/pod-product-compliance
Lightning Source LLC
Chambersburg PA
CBHW050318170426
43200CB00009BA/1368